总　序

建设一流城市，需要一流教育。办好教育，最根本的是要建设好教师队伍和学校管理干部队伍。

在长期的教育实践中，上海市涌现了一大批长期耕耘在教育第一线，呕心沥血、努力探索，积累了丰富经验的优秀教师；涌现了一批领导学校卓有成效，有思想、有作为的优秀教育管理工作者。广大优秀教育工作者教育教学和管理工作的经验，凝聚着他们辛勤劳动的心血乃至毕生精力。为了帮助他们在立业、立德的基础上立言，确立他们的学术地位，使他们的经验能成为社会的共同财富，1994年上海市领导决定，委托教育部门负责整理这些经验。为此，上海市教育局、上海市中小学幼儿教师奖励基金会组织成立《上海教育丛书》编辑委员会，并由吕型伟同志任主编，自当年起出版《上海教育丛书》（以下称《丛书》）。1995年上海市教育委员会成立后，要求继续做好《丛书》的编辑出版工作。2008年初，经上海市教育委员会领导同意，调整和充实了《丛书》编委会，并确定夏秀蓉同志任执行主编，协助主编工作。2014年底，经上海市教育委员会领导同意，调整和充实了《丛书》编委会，确定尹后庆同志担任主编。《丛书》的内容涵盖了基础教育和中等职业教育的各个方面，包含有较高理论水平和学术价值的著作，涉及中小学教育、学前教育、师范教育、职业教育、校外教育和特殊教育，以及学校的领导管理与团队工作，还有弘扬祖国优秀文化、促进国际教育交流等方面的著作，体现了上海市中小学教育改革与发展的轨迹，体现了上海市中小学教育办学的水平与质量，体现了优秀教师和教育工作者的先进教育思想与丰富的实践经验。《丛书》出版后，受到广大教师、教育工作者及社会的欢迎。

为进一步搞好《丛书》的出版、宣传和推广工作，对今后继续出版的《丛书》，我们将结合上海教育进入优质均衡、转型发展新时期的特点，更加注重反映教育改革前沿的生动实践，更加注重典型性、实用性和可读性。希望《丛书》反映的教育思想、理念和观点能起到抛砖引玉的作用，引发大家的思考、议论和争鸣；更希望在超前理念、先进思想的统领下创造出的扎实行动和鲜活经验，能引领当前的教育教学改革工作，使《丛书》成为记录上海教育改革历程和成果的历史篇章，成为广大教师和教育工作者的良师益友。限于我们的认识和水平，《丛书》会有疏漏和不尽如人意之处，诚恳地希望广大读者提出宝贵意见，帮助我们共同把《丛书》编好。

《上海教育丛书》编委会

上海教育丛书

系列

特色普通高中

创建：上海样本

上海市推进
特色普通高中建设项目组

著

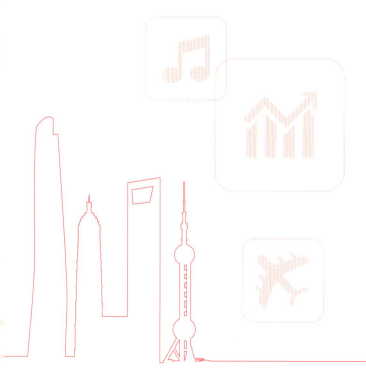

上海教育出版社
SHANGHAI EDUCATIONAL
PUBLISHING HOUSE

《上海教育丛书》编委会

《上海教育丛书》历届编委会

序

适性扬长育人，推动高中特色多样化发展高质量落地

特色高中建设是十多年来，上海市深化高中多样化改革的重要举措之一。自 2011 年起，上海专门设立了上海市特色普通高中建设项目，积极推动全市广大普通高中自主合理选择适合学校校情的特色主题，在课程建设、教学变革、教育管理、教师培养、资源开发以及校本评价等方面进行全方位的实践探索。为了持续推进特色普通高中建设，上海市先后研制出台《上海市推进特色普通高中建设实施方案（试行）》和《上海市推进特色普通高中建设三年行动计划（2016—2018 年）》，利用政策杠杆对学校加以多种形式的引导和支持。到 2022 年 6 月，全市分批评选与零星选拔相结合，培育项目学校 60 所，其中 17 所学校先后被命名挂牌为上海市特色普通高中。这些学校的特色涉及人文、艺术、科技、理工等多个领域，它们带动了全市 1/3 以上高中特色办学，惠及了数万师生。

上海推动特色高中建设，是高质量响应国家高中多样化发展的大政之需。高中教育是继义务教育之后面向大众的基础教育，同时也是基础教育的出口，承担着为学生适应社会生活、高等教育和职业发展做好准备的重要使命。高中教育健康、可持续的发展是整个国家教育高质量发展的重要组成部分。《国家中长期教育改革和发展规划纲要（2010—2020 年）》中，明确提出了普通高中特色、多样化发展的方向。从 2010 年起，教育部选定了上海等几个省市作为试点推进地区。什么是多样化发展？普通高中教育如何走向多样化？每个地区如何找到推动高中多样化发展的具体抓手？如何借助多样化发展之策真正撬动普通高中同质化分层发展的格局？这是摆在各个地区面前的政策难题、理论课题和实践命题。我们一直在思考和探索。

特色高中建设也是回应学校办学方式和育人方式改革深化之要。一直以来，普通高中教育还存在诸多需要持续探索攻克的难题，其中比较突出的有以下几点。在育人方面，学生适性扬长、全面而有个性发展不够。普通高中育人的价值目标趋同、内容同质、方式单一、评价范围和标准过于倚重高考科目与考分，学生多样性的禀赋差异和兴趣需求得不到充分的呵护与支持，千人一面。在办学方面，学校个性化办学、错位发展的"通道"不足不畅。学校一方面在普通高中长期形成的分层发展体系下，错位发展的机制不全、通道缺乏；另一方面，在以高考升学结果为主要标尺的学校评价困局下，创新的羁绊多、"风险"大。二者抑制了学校个性化办学的活力，千校一面。

十多年来，上海市特色普通高中建设聚焦上述难题和命题开展持续研究和探索，在理论和实践两个方面都取得了一定突破和创新。第一，围绕特色高中内涵，首次提出"3-3-3说"，从对象、课程、教育能级三个维度做出界说。该界说凸显了特色教育中基础与拔高、共性与个性、全体与个体的平衡，确保了特色高中能立足基础教育属性提供有差别、高质量的教育，也为建设方案研制、评价工具开发和结果评定提供理论支撑。第二，形成的建设举措和策略历经检验，有助于实践问题的解决。上海提出了"一体多翼集成式"的规划设计方案，即以育人目标、课程为体，以教学、教师、活动、资源和评价为翼，各要素有机集成；在学校课程结构上创建了"金字塔式"课程建构模型，即国家课程与校本课程融合共存，奠基、提趣、扬长结合，服务全体、部分和少数学生兼顾；在教学实践方面形成了多模态"分层—融合"的教学策略，积极促进国家课程与校本特色课程的实施互鉴互补，融合创新，有效破解两类课程实施过程中"两张皮"的问题；在动力系统方面开发了"内生＋外驱同向汇合"的动力激发工具，实现了学校自评主动、建设标准拉动、命名驱动等合力的形成；在行动机制上建立了"项目化·协同式"建设机制，以项目校为主体，政府、专业机构和学校协同，目标导向与任务驱动结合，流程式推进。这些主张和策略得到上海近1/3的高中学校的认同和实践。

就60所项目学校来看，学生个性化需求得到有效回应，特色学习与生涯规划形成对接，教师专业发展找到了新视角和新平台，学校个性化办学态势增强。

尤其值得一提的是，上海特色高中建设的探索，在一定程度上为普通高中转型创优树立了新观念、探索了新赛道。我们知道，在分层管理和升学导向为主的体系下，高中同质化发展、单赛道竞争较为普遍，学校发展突破非常艰难。上海特色高中建设强调立足学情、校情，确立个性化育人目标和特色办学定位，以结构化、多样化、分层分类结合的课程体系支持学生的禀赋和兴趣发展，整体规划，办、研、管、评协同发力。这种适性育人的质量观和以特促优、优特融合的发展道路，为高中转型创优更新了观念与"赛道"。

当然，特色普通高中的创建是一个内涵和品质不断提升的过程，同时也是一个探索适性育人、实现人才卓越培养更为充分和适切的过程。随着实践的深入，"深水区"里的问题还会不断冒出，希望项目研究组和各实践单位继续保持良好的探索精神与状态，为上海乃至全国兄弟省市的高中教育特色化、多样化发展做出更多的探索，并做出新的贡献！

杨振峰

上海市教育委员会副主任

2023 年 2 月

前　言

　　学校教育是落实国家教育方针和培养目标的主阵地，也是一个人接受正规教育、提升素养、走向终身幸福的主要依托。普通高中教育阶段因其同步于学生心智日益走向成熟稳定的质变期、对接高等教育的出口期，或告别校园走入社会的转折期，无论在国家整体教育体系中还是在个体终身发展历程中，都至关重要。21世纪以来，科技日新月异、社会高速发展、全球竞争加剧、家庭和个体对教育的需求更加多元。普通高中在获得更优质的保障和支持的同时，也面临着更加艰巨的办学挑战和育人使命，例如：如何高质量地立德树人、增进核心素养培育、加强创新人才早期培养的探索？如何破解同质化发展的格局，探索出符合学校发展规律和育人规律的新路径？持续深化高中教育改革、发展高质量有特色的普通高中教育，既是战略任务，也是战术命题。

一、特色高中建设的政策背景

　　从2010年起，国家着眼于高中发展的国际国内形势和要求，提出高中多样化发展的重大战略。教育部选定了上海等几个省市作为试点推进地区。什么是多样化发展？普通高中教育如何走向多样化？每个地区如何找到推动高中多样化发展的具体抓手？如何借助多样化发展之策真正撬动普通高中同质化分层发展的格局？这是摆在各个地区面前的政策难题、理论课题和实践命题。

　　高中多样化主要表现为校与校之间的差异化、学校教育过程的丰富性，以及学生成长的个性化。在高中阶段教育全局中，普通高中、职校中专以及少量的综合高中等，它们各自的功能定位有别、职责边界明确，可以说各有特点。多样化的最大难点和重点在于普通高中的多样化。普通高中学校承担着基础教育的职责，育人使命一致、课程国家法定、招生和升学均以法定科目和领域的考试分数为标尺。这在客观上助长和加剧了普通高中教育的同质化，一个模式育人、一条路子办学、一把尺子评价。在这种现实桎梏之下，普通高中怎样才能走向多样化发展？其价值如何锚定？政策如何设定？行动如何更为坚定？这是很长一段时间以来各个地区面临的共同挑战。

针对这个挑战，上海选择了建设特色普通高中（后续简称"特色高中"），引导和支持每一所普通高中学校结合学校自身优势基础、政策导向、城市发展之需、学生未来发展之要，选定特色领域，并从办学目标、育人目标、课程建构、教学实践、教师培养、管理创新和资源开发等育人关键环节和要素上加以整体设计与系统实践，久久为功，从而彰显学校的独特性、差异性并形成稳定的办学文化。

2011 年上海正式拉开特色高中研究与建设的帷幕，同步启动了特色高中建设理论研究、试点学校和项目学校实践探索、相关政策与实施方案研制工作。除了政策要求这一重大推力外，上海建设特色高中还有更多的考量与追求。比如：如何以特色高中建设为抓手更好地担当高中在国民教育体系中的地位与使命？如何更好地增强立德树人的能力，促进学生全面而有个性发展？如何更好地回应新时代学生日益多样优质的成长需求和教育诉求，使他们能够有选择地接受更高质量的高中教育？如何更好地突破普通高中办学和育人方式同质化的困局，增强学校发展的活力？如何更好地传承上海文化特质，使得高中教育与上海城市发展始终交相辉映？

二、特色高中的价值之源

特色高中建设与研究不是简单的行政工作，也不是纯粹的学术研究，它是对新时代学校发展道路创新和育人方式转变的混合式探索。本书中经常出现"特色发展"这个词，就是对混合式探索的模糊表达。高中特色发展，无论是特色高中建设还是特色学校研究，都应有鲜明而正确的价值目标和问题指向。

在价值目标上，从育人角度看应能为学生全面而有个性发展奠定基础。高中阶段是学生个体成长和社会分流的关键时期，高中育人质量关乎学生个体幸福和民族兴盛。学生的兴趣需求有个体差异，社会需要的人才类型和层次多种多样，高中教育要思考如何促进学生全面而有个性发展，奠基学生面向未来之本，为党育人，为国育才。

从政策角度看，应能对普通高中多样化发展增强作为。高中多样化发展是国家的重大教育战略，多样化是有质量的多样化，但是树一句标语、开几门课程、做几次活动，这种碎片式、浅表式的常见做法无法撬动同质化发展积弊，更难以真正推动育人方式的转变。特色建设要在对学校办学理念、育人目标、课程教学等进行系统科学设计的基础上久久为功，不断彰显学校的办学特点和育人特性，为普通高中多样化发展增添质感。

从实践角度看，应能为一般普通高中转型提升探索方案。遴选重点高中 / 示范性高中、设立星级高中等，制造学校层级差异，分层配置政策，并让所有学校在同一赛道上竞争。这种分层管理、同质竞争的模式长期存在，成为困扰处于低一层级的普通高中发展的突出问题。学校的基础差异不应成为其进一步发展的阻碍，要借助特色建设为一般普通高中找到转型发展、提升质量的突破口和新赛道，抬升高中教育质量的基线。

而要实现这些价值目标，就必须精准定位普通高中改革发展的聚焦点，例如：

育人痛点：普通高中办学目标趋同，发展路径相似，育人方式单一，千校一面。学校办学目标总体上片面追求升学知识技能的掌握，选择性遗落升学之外的关键素养培育；课程的差异度、多样化不够，学习的广度、深度和丰富度不够。聚焦特色高中建设，从育人目标、课程建设等方面探索普通高中个性化办学，增加育人的识别度。

治理难点：支持高中特色办学、错位发展的政策和路径不够，一般普通高中学校转型艰难。普通高中整体上日益形成从一般普通高中到各级重点 / 示范性高中分层的格局，并被升学和招生政策日益强化。过度强化分层则会加剧资源配置、招生以及学校潜在发展机会的不公。在这种生态之下，不同层级学校间产生无形鸿沟，一般普通高中学校上面横亘着"玻璃天花板"，容易滋生怠惰、蛮干等非常态现象。迫切需要找到一个支点和抓手撬动这种格局，推动一般普通高中转型发展，建立分层和分类发展相结合的教育生态。

实践堵点：已有特色学校建设存在的理念和技术短板。改革开放以来，普通高中特色办学的探索和实践持续不断。但是，重新审视后不难发现，这些探索普遍存在偏重升学导向、只面对特定对象、学与教重技能取向的问题。相关学校总体上缺乏从学校整体改革的高度加以规划设计，尚未很好地解决普通教育与特色教育"两张皮"的问题，尚未探明能系统应答学生分层多样需求的课程建设之路等。这些理念和技术难题需要持续探索解决。

三、对特色高中的核心认识

国内外关于特色学校的理论研究与实践探索由来已久。什么是特色学校？百度百科对特色的解释是："特色指一个事物或一种事物显著区别于其他事物的风格和形式，是由事物赖以产生和发展的特定的具体的环境因素所决定的，是其所属事物独有的。"[①]《现代汉语词典》中对特色的解释为："事物所表现的独特的色彩、风格等。"[②]顾明远教授指出："所谓特色，顾名思义，是指不同于一般，不是平平庸庸，而是要有所创新，有自己的特点，具有个性，而且这种个性能够形成学校本身发展的动力、氛围和态势。"[③]学者们的界定归纳起来有四点共识：第一，特色是一种稳定的学校文化；第二，体现差异性、优越性，特色教育体现错位，且能达到较高的水平；第三，整体性，特色体现在办学育人的方方面面；第四，以促进学生个性化发展为价值追求。特色高中是学校在办学育人的整体上表现出独特而稳定的优越性的普通高中，体现差异、持久稳定、水平高超是特色高中区别于一般的学校特色或特色学校的关键所在。特色高中建设是一所普通高中学校拥有显著区别于其他普通高中的独特优质性的过程，本质上是一所学校为了提高办学育人品质进行的整体改革。

---

① 特色［EB/OL］.［2022-11-07］.https://baike.baidu.com/item/%E7%89%B9%E8%89%B2/3690806?fromModule=lemma_search-box.

② 中国社会科学院语言研究所词典编辑室.现代汉语词典(第7版)［M］.北京：商务印书馆，2016：1281.

③ 顾明远.教育质量与学校特色［J］.基础教育参考，2009（06）：1.

四、特色高中建设需要探索的课题与行动

基于上述认识，特色高中建设一定不能是"政府今天发通知—学校明天交材料—专家后天做评审—政府接下来公示命名"这种套路。速成模式只会给学校增加没有实际意义的标签，不会带来办学育人的变革。它必将是一个漫长而系统的探索和实践过程，以特色为主线带动学校多要素的系统规划和行动，以学校为主体、多方参与的同频共振。复盘上海特色高中建设的过程，可以大致看到聚焦如下一些关键问题的研究与行动轨迹。

1. 内涵与画像问题

放眼国内，以"特色学校"立牌冠名的情况屡见不鲜。我们要研究并推动实践建设的特色高中与之有何异同？如何界定特色高中？

对此，项目组通过调查、试点研究与理论研究等，提出了对特色高中内涵的理解。2012年项目组自编问卷，对上海教育学会高中管理专委会所属的153所会员学校开展特色教育现状调查，发现：（1）区实验性示范性高中是特色办学的主体；（2）学校都非常注重以课程为载体培育学校特色，大多数学校采取必修和选修相结合的方式开设特色课程；（3）举办特色班较普遍，但难以平衡面向全体和兼顾部分的矛盾；（4）学校立足于自身因素培育特色，具有较大自主性和内驱力。同时，项目组选定了11所学校开展案例研究，发现特色定位多由"历史积淀—政策导向—学生需求"三维聚焦而成。基于案例分析，结合理论研究，项目组对什么是特色高中提出了"3-3-3说"，即我们所倡导的特色高中在对象上应覆盖全体、部分和少数学生3类，在教育能级上应有奠基、提趣、扬长3阶，在特色教育课程上应能融入必修、选择性必修课程并充分彰显于选修课程这3类。显然，该界定非常强调特色高中建设是学校的系统规划和整体探索，同那些搞特色班、特色小组或面对全体学生做一些特色教育活动的"特色学校"有根本的区别。

2. 特色教育核心载体建设问题

特色学校建设不是零起点，结合已有的实践来看，举办校园文化节、办各类活动、培育特色社团等都是常见的特色教育的载体和形式。这样的载体和形式

有助于形成氛围、产生影响力，缺点是不系统、不持久，尤其是与课堂教学常态化结合不够。

特色高中建设是办学育人的系统性探索，特色教育应该具备其他各类特色学校常见的做法，但更要建构起核心载体，基于核心载体带动学与教全面的关联。显然，这个载体非课程莫属。那课程该怎么建设呢？

特色高中首先是普通高中，是基础教育学校，高质量实施国家课程是前提，为学生提供基础教育是根本。因此，特色教育不能脱离国家课程去实施。但是，国家课程毕竟是面向全体、注重基础的课程，完全依赖国家课程开展特色教育，这样的高中很难被称作特色高中，所以特色高中必须打造出独具特色的校本课程。因而，在特色高中的课程里，我们要看到立足国家课程的学校教育、渗透融合到国家课程中的特色教育，以及由校本课程增强拔高的特色教育。这样的课程实施样态需要怎样的课程规划？需要建构怎样的课程图谱？需要编制怎样的课程表？

3. 特色高中建设的协同实践问题

特色高中建设是以特色为主线、以育人方式变革为主题、以学校为主体的学校系统性变革。由于学校改革涉及政府、社会等多方面，特色教育关联课堂内外、学校内外等。特色高中建设不可能闭门造车，相反一定要在现代学校制度的思想理念指导下，寻求多主体的协同，建立基于特色的学校治理新机制。特色高中建设，从政策和专业视角看，从育人规律和办学规律视角看，都是重要的。这种"理性"层面的重要遇到学校发展的现实需求后，其重要性会怎样？特色高中建设如何形成真正的价值共识与行动协同？

基于上述认识和思考，项目组着力探索了相应的机制与范式。第一，建立项目化·协同式区域建设机制。经过实践研究和对11所试点学校经验的总结，提出了"同类特色校交流竞争—承办全市展示—初评—复评"四环相扣的行动流程，为期至少4年。这一流程中，学校、专家组、评估方、教育行政部门四方协同，整体发力。第二，探索建构学校特色建设的基本范式。流程背后的支撑是学校特色实践。根据研究，市项目组与学校经过研究和总结，建构了触点·集成建设范式。在该范式下，学校的行动以特色育人目标为焦点、以富含特色的系统课程为主轴，辅以各类育人要素协同。育人要素包括课堂教学、教师队伍、资源和平台、学生社团活动、教育评价等，均实施协同变革。

4. 动力激发问题

持久的动力是特色高中建设的根本保证，持久的动力离不开内驱力和外驱力的同频共振、同向结合。围绕该命题，项目组着重研究和形成了以下成果。第一，自主选择的入门机制。以项目校的方式推进特色高中建设，采取自主申报、主动规划、地区推荐和专家评选相结合的方式实施。第二，建立阶梯式成长路径。研究特色高中发展的阶段性，分成特色项目、学校特色和特色学校阶段。学校可以基于自身特色发展的水平对号入段。阶梯式提升，让每一所学校都有清晰的路径，便于对标判断，明确下一阶段的目标和重点。第三，形成以评导建的动力激发机制。研究如何通过评估持续激发学校建设动力，形成了上海市特色高中建设参考指标、上海市特色高中评估指标体系。2016 年启动第一轮学校命名评估。引导项目学校开发校本化特色教育效果评价方案，产生了金融、环境、工程素养等测评工具。

回顾过去，特色高中建设在高中多样化发展的大背景下应运而生，它既着眼回应未来社会对人的素养的挑战，又针对性地探索高中办学育人难题的破解之举。基于前期建设实践和研究提出了理论新主张、建立了学校建设范式和区域行动机制，形成了高中多样化发展、育人方式转变的方案和行动，体现创新与引领。着眼未来，特色高中固然撬动了高中分层同质化发展的格局，激发了学校活力。但也必须认识到，百姓对优质多样教育的需求正持续增长，日益变化的未来社会正呼唤人才培养转型，高等教育分类评估正加强推进，注重多元选拔和多样化录取的高考改革正逐步深化。这些都使普通高中教育的使命和任务更加艰巨。特色高中自身如何持续深化建设以产出更多鲜活经验？如何带动更多一般普通高中创新办学，实现高中群体性优质特色发展？如何建立起特色高中与相关高校间的贯通培养机制？这些问题依然需要持续深入的研究。

目录

第一章

多元视角下普通高中发展的选择

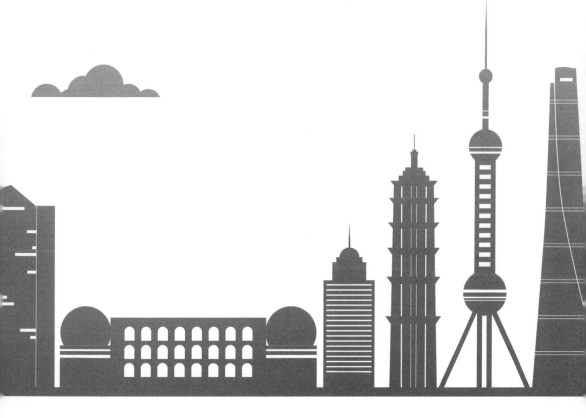

普通高中教育是继义务教育之后的延续和提高阶段，是整个基础教育的出口和把关阶段，同时也是高等教育之前的预备培养阶段。每一个学段的教育都应当充分彰显自身的活力和凸显育人使命践行的成效，每一所学校都应该享受到育人的成就感和发展的自信心，普通高中学校也不例外。学校要努力提高自身办学的辨识度，积极克服片面按分排位和唯分录取的模式带来的不利影响，努力避免让学生单纯被动地分层分流。面对专业培养越来越丰富的高等教育，高中教育要在奠基学生全面发展的同时，进一步增强学生优势潜能的培养，从单一的分层教育模式中走出来，去探索分类教育的可能性和多样性，从而为高校提供源源不断的高质量和有特色潜质的生源，以实际行动助力国家教育高质量发展。

第一节 普通高中多样化发展的国际概览

纽约卡耐基基金会（CCNY）于 2013 年发起的"设计机遇"（Opportunity by Design，简称 ObD）倡议，是基于这样的一个前提：有前途的高中改革策略需要完全融入学校设计，并得到适当和持续的财政、政策和实施支持。该倡议的目标旨在帮助准备不足的学生赶上进度，并在 4 年内毕业，掌握中学毕业后成功所需的学术、社交和情感技能。[①] 学生差异化的学习和成长需求是高中改革发展的重要价值取向，也是多样化发展的价值基础。当然，多样化建立在学校个性化、特色化办学基础之上，它需要不同层面和不同主体的"设计"。对此，国际上又是如何做的？透过概览，发现国际上一些较为通行的做法，比如：从国家政策层面规划设计引导高中多样化特色发展，通常是对学校进行分类；注重从面向未来的素养导向角度推进高中多样化发展；立足区域内学校"均衡"的取向，探索普通高中去同质化、多样化发展；围绕课程，以有特色的课程为载体推动学校多样化育人。

一、从国家政策层面规划设计引导高中多样化特色发展

2010 年，英国政府发布的《特色学校指南》（Specialist Schools Guidebook）

---

① Elizabeth D. Steiner，Laura S. Hamilton，John F. Pane，et al. Designing and sustaining innovative high schools［EB/OL］.（2020-12-17）［2021-10-30］.https://www.rand.org/pubs/research_briefs/RBA322-1.html.

中指出要全面建立特色学校体系。^① 为了保证特色学校的质量，《特色学校指南》中对特色学校的标准进行了重新认定：（1）特色课程成绩卓越；（2）通过特色学科建设推动学校整体发展；（3）与社区合作，拓展服务范围、推动家庭学校发展、增强社区凝聚力；（4）与社区、国家网络建立良好的合作伙伴关系，实现优质教学资源共享。2011 年，英国政府宣布全面实现普及中等教育特色化的目标。同年，英国大约有 95% 的中学发展为特色学校。在取得如此丰硕成果的同时，教育部决定在今后特色学校的发展过程中将给予它们更大的自主权，以便更加有效地利用资助资金和更好地发展特色课程，满足学生和家长的多样化需求。卡梅伦政府提出了创办或者通过改制建立公立和民办的自由学校，赋予学校在经费使用、教师招聘等方面更大的自主权，同时也赋予了教师和家长更多的自主权。在经费拨付方面，政府原先是将资助特色学校建设的经费拨付至地方政府，再由地方政府拨付至学校；卡梅伦政府改由直接与学校取得联系，扩大学校办学自主权。^②

2019 年 11 月 7 日，韩国教育部副总理兼教育部部长刘恩惠公布了《关于取消高中序列化的方案》^③，其内容包括改革现行高中制度，促进教育公平，提高普通高中的教育能力。之前韩国高中体制中各种私立高中、外国语高中、国际高中等盛行，学校排名激烈，家长投入高昂课外教育费以望子成龙，这种教育不平等引发的社会舆论愈演愈烈。教育部表示将从 2025 年开始将私立高中、外国语高中、国际高中全部转换为普通高中，加强教育课程多样化等普通高中的教育能力，为高中学分制和未来教育奠定基础。允许转换的私立高中、外国语高中和国际高中的特色课程和名称保持不变，学生的选拔和分配与普通高中相同。在 5 年内投入约 2.2 万亿韩元，恢复以普通高中为中心的高中生态系统。2025 年全

---

① ② 李敏，冯生尧，赵梦龙.英国特色学校建设：历史演变与经验启示［J］.课程教学研究，2020（03）：64-70.

③ 교육부·고교서열화 해소 및 일반고 교육역량 강화 방안 발표［Ｅ Ｂ / Ｏ Ｌ］.（2019-11-07）［2021-10-30］.https://www.moe.go.kr/boardCnts/view.do?boardID=294&boardSeq=78910&lev=0&searchType=null&statusYN=W&page=1&s=moe&m=020402&opType=N.

面采用高中学分制（2022年）和大学入学制度改革。同时，颁布的《普通高中教育能力建设办法》中提到：扩大学校课程设置和运营的自主权，扩大课程特色化学校的规模（为科学、语言、艺术、软件等特定领域提供深化学习机会的普通高中），开设更多科目，以扩大学生根据学习水平和能力选择科目的权利；根据学生的需求开设弹性必修课程；为响应开设各种选修课和增加班级数量，还将增加教师资源，包括"教师巡回导师制"和"确保专业讲师"；为普通高中内希望进入艺术、体育和职业领域的学生，提供相关特殊目的高中和特殊高中的教育条件；与主要专科大学联动开发职业教育委托课程。

2021年3月31日，日本文部省颁布部分修订《学校教育法实施条例》① 等的部长条例的公告，将高中特色化明确提升到政策层面。高中应根据《高中教学大纲》制定并宣传学校旨在培养的素质和能力的政策、课程组织和实施的政策以及录取学生的政策。各单位（可以是整所高中，也可以是系部或不同课程形式）应按照各地区和各高中的实际情况，适时重新界定高中的社会角色，向学生、教职员工及校内外其他利益相关方清楚地展示高中的角色和教育理念。届时，应充分注意不要形成或加强各高中之间的学术能力差异。2021年，日本文部科学省发布《关于高中教育改革推进的调查研究》② ，统计数据显示，截至2020年，日本自初中升入高中的升学率已达98.8%，全日制高中学校4702所，定时制高中640所，通信制高中257所。国立、公立高中占比70%，私立高中占比30%。按照学科设置划分，普通学科高中有3733所，综合学科高中381所，专门学科高中2543所（一所高中同时拥有两科的情况下重复计算）。从学生数量看，选择普通学科高中学生占比73.1%，专门学科高中学生占比21.4%，而综合学科高中学生占比5.5%。从学校数量上看，学分制高中1254所，其中全日制高中655所。综合学科高中369所，其中公立高中363所。中高一贯制高中640所，其中中等教育学

① 文部科学省.学校教育法施行規則等の一部を改正する省令等の公布について（通知）［EB/OL］.（2021-03-31）［2021-10-30］.https://www.mext.go.jp/b_menu/hakusho/nc/mext_00017.html.

② 文部科学省.高等学校教育の現状について［EB/OL］.（2021-03-15）［2021-10-30］.https://www.mext.go.jp/a_menu/shotou/kaikaku/20210315-mxt_kouhou02-1.pdf.

校 56 所，并设型高中 496 所，连接型高中 88 所。从高中毕业生的出路来看，普通科高中学生以升学为主，升入大学等占比 65.3%；专门学科高中学生以就业为主，就业率约 46.9%；综合学科高中学生就业与升学各占一半。作为高中多样化办学代表的综合学科高中、初高中一贯制学校等，在学校数量上占总体约 1/3，其办学成效也得到学生及家长等社会各方面的认可，呈现出稳步发展态势。

二、面向未来的素养导向的高中多样化发展

21 世纪以来，全球主要发达国家、地区和国际组织，如美国、欧盟、OECD 等都对教育怀有强烈的危机感。这种危机感，不是对当前教育问题和不足的单纯反应，也并非认为当前教育相较过去教育而言存在倒退和落后，而是感到社会经济文化快速发展对每个学生的新挑战，而教育还没有很好地帮助这些学生做好准备。现代学校更重视培养主动创新的终身学习者。优质的高中不仅致力于帮助学生掌握必要的知识和技能，更会尊重学生个性差异，助力学生个性化发展。因此，21 世纪以来，官方、民间和国际组织都在思考学生应该具备怎样的核心素养，才能更好地面向未来。同时，围绕这些核心素养的重新定义，各国基础教育系统都在进行相应的改变与调整。普通高中教育也不可避免。

（一）美国面向 21 世纪的核心素养培育

2001 年，美国"高中学生年"发布的相关报告提出了 21 世纪美国高中教育变革所关注的学生核心素养，包括：（1）善学、好学的品质，养成批判性思维习惯，在面对困难时拥有乐观向上的积极心态；（2）实践能力，掌握先进而实用的技术，能将学习和生活结合起来，为今后的学习和生活做准备；（3）了解本国和世界的历史，理解政府和民主价值，具有一定的文学和艺术素质，成为一个生活有品位的现代人。[1]

2003 年，美国教育部职业与成人教育办公室举行了题为"为美国的未来做

---

[1] 李婧. 美国高中教育教学模式的多样化 [J]. 比较教育研究，2009，31（10）：37-41.

准备：高中行动计划"的会议。会议提出："当今的美国青年人面对着更加严峻的挑战，大部分工作要求高水平的阅读能力、交流能力、数学能力和解决问题的能力，很多高技能的工作要求劳动者接受高水平的中学后教育和培训。全美的教育者应当使我们的高中能够帮助今天的学生为 21 世纪的复杂生活、为继续教育和职业生涯做准备。"

2013 年奥巴马政府发布"重新设计高中"改革计划（High School Redesign），要求政府提供各种教育资源辅助学校，根据现实经验，重新思考高中教学与学习模式，将学生的个性化学习与职业探索、升学结合起来，确保所有的美国高中生在毕业前能够修习大学课程或获得职业经验与能力。[1]

美国东教堂山中学：面向 21 世纪的学习者[2]

美国东教堂山中学（East Chapel Hill High School）坐落于美国北卡罗来纳州，是当地一所极具竞争力的高中，根据《美国新闻与世界报道》（*U.S. News & World Report*）杂志的排名，东教堂山中学位列美国最好的高中第 77 位，同时在美国《新闻周刊》（*Newsweek*）2012 年美国最好的高中排第 88 位，学生们的大学入学考试成绩优异，超过 95% 的毕业生进入大学或学院继续深造。

东教堂山中学制订了"21 世纪的学习者行动计划"，计划的目标包括：（1）所有学生毕业后成为具备 21 世纪才能的高成就学习者，具备世界语言技能、全球意识、技术能力、沟通技巧、创造性、批判性思维，以及团队合作能力；（2）所有教育者要为所有学习者提供一项有效教育项目，熟练地运用教学策略以满足不同类型学习者的需求；（3）所有的学习环境将是安全的、友好的、有礼貌的，促进学生品性养成、身体成长、心理健康的；（4）所有学区和学校的领导能够认真地履行职责并积极地给予反馈，确保各种由社区提供的资源都能得到有效的利用。学校课程是目标实现的基本依托，因而只有大力推进学校课程改革与发展，强化学

---

① 李莎，程晋宽.美国"重新设计高中"改革计划评析［J］.比较教育研究，2016，38（10）：1-5.
② 徐锦霞，钱小龙.美国东教堂山中学的学校课程能力建设：面向 21 世纪的学习者［J］.外国教育研究，2013，40（11）：13-20.

校课程能力建设才能有效贯彻行动计划。

（二）俄罗斯：融入专业之中的素养目标

俄罗斯及其前身——苏联的普通高中教育在很长时间与我国非常相似，在课程的选择性和多样性上都显得不足。20 世纪末 21 世纪初，俄罗斯在普通高中教育阶段深入推进侧重专业式教学，较大程度上改变了同质化的普通高中办学生态。2002 年 7 月，俄罗斯公布了《普通教育高级阶段实行侧重专业式教学的构想》（简称《侧重教学构想》），开始在俄罗斯普通教育机构高中阶段试行侧重专业式教学。

值得注意的是，侧重专业式教学并不是将高等教育中的专业课程下移到高中阶段，也不是面向少数精英学生的特需课程，而是面向大部分普通高中学生提供学习选择的普通课程。在课程目标的设定中，不局限于对相关专业的基础性知识的系统掌握，更关注挖掘专业中重要的核心技能与素养，如发展认知活动能力、信息交流技能，帮助学生形成反应性思维，注重学生解决实际问题能力的提升。

俄罗斯侧重经济学专业的课程目标（节选）①

《经济学》定位于使学生成为具有经济思维模式的公民，激发学生学习经济学课程的兴趣，发展自我确定和自我实现的能力；培养学生对经济决策的责任心和对劳动与经营活动尊重的态度。

《经济学》技能形成要求则体现为促使学生利用所学的原理阐释具体实例，完成对典型经济案例的认识性和实践性任务；学会用数学知识解决经济领域的问题，运用所学知识对经济行为进行合理判断；维护经济秩序，学会以事实说话，给予客观判断并加以论证。

《经济学》要求发展学生的经济思维，让学生能批判性地思考关于经济和国家经济政策的信息，能提出自己有根据的意见；善于用经济学观点分析思考社会和政治事件，判断与某个问题相关的信息，同时解决问题并得出结论。

---

① 石隆伟.俄罗斯普通高中侧重专业式教学人文类课程目标探析［J］.比较教育研究，2011，33（05）：6-10.

《经济学》课程要求以正确的经济学观点解决生活和职业领域中的问题，对复杂的经济问题能做出理性的判断；运用所学知识合理判断经济行为，维护国家经济秩序；要求学生掌握经济领域中的基本准则并帮助他们有意识地选择未来的生活。

俄罗斯侧重专业的教学所设定的课程目标与美国对 21 世纪素养等方面都有高度的相似性，都体现了对学生高层次思维、沟通与表达、社会性、实践能力等方面的关注和培养。同时，这些素养与高中多样化发展是紧密结合在一起的，学校办学的特色选择和实践往往是围绕着这些核心素养而展开的。

（三）走向个别化教育的各国共通实践

2010—2011 年的新一轮高中改革是 21 世纪初法国最重要的中等教育改革之一。法国新一轮高中教育改革旨在确保每一位高中生的成功，这被认为是此次改革的核心基础。新高中改革同时支持对学生未来定向的改进，就学期间个性化陪伴，更适应时代的需求，外语学习，文化融入以及高中生责任等也相应得到改进。[①] 此外，本次改革还强调为学生建立一条真正的科技发展路径，为他们未来成为工程师或高级技师做准备。加强科技与科学的通识性教学取代应用性技术的学习，使高中阶段科技教育不断脱离岗位指向性和细化的专业方向，将其培养目标进一步确定为支撑学生继续进入高等工程科技教育学习。[②]

2017 年芬兰推进《普通高中教育改革——芬兰政府 2017—2019 年战略方案》，重要的变化包括为每个学生制订定期更新的个人学习计划。所有学生在开始高中学习时都会在教师和辅导教师的指导下制订个人学习计划，该计划将确定他们的学习、大学入学考试和学业进修的目标。除了分组进行学习指导外，如果学生愿

① 张丹，范国睿. 更好定向 更多辅导 更多准备——法国新高中教育改革述评［J］. 全球教育展望，2011，40（11）：42-49.

② 米靖，李厚德. 从技术取向到工程取向：20 世纪中叶至今法国中等教育改革评析［J］. 中国职业技术教育，2021（22）：25-33.

意，他们还将获得更多关于普通高中教育和继续学习的定期、个人学习指导。[①]

2021 年，日本修订的《高中学习指导要领》中提到目前高中学生对于学校生活的满意度和学习热情比初中阶段有所下降。[②] 高中教育需要以学生为中心，唤起学生的学习热情，在义务教育阶段已养成的知识和能力的基础上进一步发展学生各种各样的能力及对社会生活的适应力。高中课程在确保共同性的基础上也要考虑学生的个性发展。

三、均衡取向的普通高中多样化发展

由于普通高中教育自身的特殊性，全球主要发达国家和地区都未将其纳入义务教育的范畴。不少地区采取普及但不强制的原则，让学生选择普通高中或者职业高中。正是因为非强制性，长期以来对普通高中学校之间的差异，大都采取的是宽容的取向。普通高中内部的分化非常突出，有少部分顶尖精英高中，也有不少处于底层的一般普通高中。在涉及多样化的议题时，往往较为关注的是普通高中。譬如，我国在 20 世纪 90 年代中期提出普通高中的多样化发展思路，提出办综合高中和艺体特色高中，后两者都是处于相对后端的学校。21 世纪以来，上海实施普通高中创新人才早期培养项目，入围的绝大部分高中都是市实验性示范性高中，处于上海普通高中生态的顶端。国外也有类似的情况，如韩国的科学高中、美国的科技高中都是处于普通高中生态顶端的学校。

然而，通过比较研究发现，部分国家和地区将高中教育的相对均衡作为区域普通高中发展的重要战略，进而将普通高中多样化发展作为实现普通高中相对

---

① Minsistry Of Education And Culture.Eleven most important changes in the reform of general upper secondary education［EB/OL］.（2018-01-24）［2021-12-03］. https://okm.fi/documents/1410845/5394394/11+most+important+changes.pdf/df474839-9c46-4040-b339-0dbfa1bc0eae/11+most+important+changes.pdf?t=1521809935000.

② 文部科学省.高等学校発達の段階を踏まえた指導の充実［EB/OL］.（2019-12-19）［2021-11-20］.https://www.mext.go.jp/a_menu/shotou/new-cs/senseiouen/mext_01507.html.

均衡战略的重要政策工具。在这个方面，中国台湾地区与英国的政策和实践特别值得关注。

（一）中国台湾地区：12年国教背景下的普通高中特色发展

台湾地区和上海同属中华文化圈，民众的教育心态也大致相似，都将升学作为普通高中教育的优先选择项。台湾地区和上海一样，高中生毕业升大学的竞争非常激烈，普通高中系统内部的层级也非常鲜明。台湾地区也有所谓的"明星高中"，学生和家长趋之若鹜，入学竞争异常惨烈。从20世纪90年代以来，台湾地区的民众和学界对基础教育的升学与考试压力及其带来的教育弊端深恶痛绝。于是，教育主管部门对基础教育进行了较大力度的改革，如废除联考、实行多元入学等。然而，升学压力与应试之风依然没有显著减缓。追其根源，台湾教育主管部门将其归结于普通高中之间差异较大，导致初中阶段学生为进入少数优质高中激烈竞争，故导致升学压力传导到初中及小学阶段的教育教学。因此，台湾教育主管部门于2000年正式提出了"高中、高职社区化"的构想。"高中、高职社区化"是以"建构多元适应性的学校教育环境""营造学校社区成为学习社区"以及"为12年国教奠基"为目标。

2007年，台湾教育主管部门正式提出《高中优质化辅助方案》，并将其作为《十二年国民基本教育先导计划》。该方案的核心主旨是通过政府的靶向资助，推动普通高中学校全面优质与特色发展。但该方案的资助对象优先针对跨招生区或跨县（市）就读情形严重的地区，审定区域内高中加以重点辅助，以平衡高中的教育发展，促进各区域高中优质化发展。入围的大部分普通高中都是当地的一般普通高中，而非传统的明星高中。方案希望通过对这些一般普通高中的引导和资助，帮助这些学校优化管理，开发课程，精进教学，培育特色，提升对所在社区初中生的吸引力，让更多的初中生选择就近入学，而非跨区域择校。

台湾地区对普通高中均衡发展的政策取向，也有其逻辑假设和现实关怀。他们相信各地区的学生资质天赋皆呈常态分布，若能依学生住所就近创造优质学习环境，必能使学生茁壮发展；但是在升学竞争之不当压力下，民众传统对于少数高中之追求依然热切，究其原因，实为各地让社会大众信赖之高中数量不足之故。[①]因此，他们希望通过推动普通高中优质多元发展，"促发各高中团队持续精进能量……创造更多有特色之优质学校，使所有具备潜力之学生皆能适性就近入学，有效舒缓升学压力，以稳健推动十二年国民基本教育"[②]。

具体而言，台湾高中优质化辅导政策包含四项基本目标：（1）促发高中学校团队精进能量，协助各高中优质化及特色发展；（2）落实高中适性扬才之教育目的，培养学生核心素养；（3）强化特色领航学校之标杆角色，带动区域高中教育质量之提升；（4）均衡各地高中教育发展，提高国中毕业生就近入学及免试入学比例，稳固推动十二年国民基本教育。[③]

台湾在推进高中优质化辅导政策时，普通高中的特色发展是重要的目标与途径，在《高中优质化辅助方案》的办理原则中，其中一个为"特色领航"："促进各高中特色发展，开发学生各种潜能，使其适性扬才，鼓励及奖助各校发展传统、创新之特色，期使……高中教育迈向优质、多元、创新、特色和卓越之发展"[④]。

（二）英国：促进教育公平的特色学校体系

二战之后，英国中等教育体系主要由综合学校构成。然而，随着20世纪80年代新自由主义经济学和新保守主义的政府上台，提升公立学校教育系统的活力成为学校变革的重要议题。在此背景下，"特色学校计划"出台。该计划鼓励学校在保持综合学校原则的基础上，突出自己的特点和优势，成为"特色学校"。

值得注意的是，伴随英国工党的上台，"特色学校"的政策不断得到延续和强化，政府鼓励建立更多的特色学校，即任何中学都可以申请在数学与计算、科学、工程、艺术、体育、语言、商业与娱乐、技术、人文、音乐中的某一个领域成为"专门学校"，以满足不同学生的兴趣和学习需求。同时，更是拓展了特色学校的责任，让其承担了更多教育公平的使命。1997年，在旨在通过帮助薄弱学校摆脱困境，促进教育公平的"教育行动区"计划中，政府明确规定每个教育行

---

①②③④ 内容引自台湾地区高中优质化辅助方案。

动区内至少应有一所特色学校，由它们来带动其他学校的发展。申请特色学校地位的学校，必须拟订一份为期三年的发展计划，其中应包括提高教学标准及其如何与地方社区互惠互利的规划。

2003 年，英国教育与技能部颁布实施了《改革中等教育：一个新的特色体系》，这一政策文件旨在创建一个连续性的、具有高期望的、每所学校都具有多样化特色的中等教育体系。而这个特色学校体系是为了逐年提高学生的成绩并使低水平学生群体的成绩提高到平均水平以上，使所有学生在一个安全、利于学习、乐于受教、高教学质量的环境中学习。让所有学校都能取得成功，进而使家长和学生能选择本地的优秀学校。①

从英国和中国台湾地区的政策与实践来看，普通高中多样化的价值不仅仅是为了给学生提供更优质且个性的学习经历和选择机会，更是通过多样化的战略，让学校关注自身的优势和特色，并以特色驱动，带动学校整体办学质量的显著提升，让普通的学校变得有特色、更优质，进而让整个普通高中教育体系内部的层次差异缩小，使其呈现均衡发展趋势，促进教育公平，纾解义务教育阶段的学业压力。这对于上海推进普通高中教育多样化而言，具有重要的启示和借鉴意义。

四、围绕课程奠基普通高中特色教育

（一）注重具备国际视野和生活应用的选修课程

日本 2021 年修订的《高中学习指导要领》② 中规定高中学生在毕业时需要修满 74 学分，其中必修科目 35 学分，选修科目 39 学分。高占比的选修课主要是各高中活用各个课程和学科的特色进行教程编制。在符合学生一般发展阶段的同时，也要关注每个学生的能力、适应性、兴趣、性格，以及升学和学

---

① 转引自：王璐，周伟涛，曲玲.20 世纪 90 年代以来英国中等教育改革探析［J］.比较教育研究，2010，32（07）：31-35.

② 文部科学省.高等学校发达的段阶を踏まえた指导の充実［EB/OL］.（2019-12-19）［2021-10-30］.https://www.mext.go.jp/a_menu/shotou/new-cs/senseiouen/mext_01507.html.

习经验等的不同之处。在课程的组织和实施中，在明确学生毕业进入社会后要发展的素质和能力后，从未来向前计算当前应该学习的科目和内容。通过在根据发展阶段的纵向联系和每个科目的横向联系（例如复习）之间来回切换构建课程的整体图。

美国高中非常重视选修课程，开设的选修课不胜枚举，选修课占总课时的1/2。①芝加哥市的中学课程就分必修课、选修课和学生辅导课三大类。选修课种类丰富，注重技能，旨在培养学生的动手能力、实践能力和服务精神。②

芬兰要求学生最低修完75门课程，其中必修课45门，选修课30门。学校鼓励成绩突出或有特殊专长的学生，根据学校与大学间的协议选修大学课程，学习结果计入高中学分，日后大学予以承认。罗苏高中与芬兰的多所大学，如芬兰大学、赫尔辛基科技大学等建立了很好的联系；学校还出资购买芬兰多所大学的课程，请大学的老师给学生上课。③

（二）以21世纪技能为核心打造包容性课程

美国学者使用"21世纪技能"概念阐释包括知识构建、实际问题解决、熟练的沟通、应用信息和通信技术（ICT）进行学习和自我管理的培养目标。21世纪技能不仅有助于学生在正规学校的各个领域取得成功，而且对于一个人在不断变化的世界中适应和发展也是必不可少的。美国通过包容性STEM高中（ISHSs）进行21世纪技能培养实践。包容性STEM高中的使命是通过将21世纪的技能贯穿高中年级，将学习责任转移给学生。创造一个环境，让学生在高年级实习、大学课程和专业课程CC1期间有更独特的学习体验。这类学校为所有学生服务，通过使用基于探究的课程模式来构建独立学习模式并鼓励个人责任感，促进学生的研究体验。ISHSs有四个基本组成部分：灵活和自治的行政结构；面向所有人的大学预科、以STEM为重点的课程；STEM师资力量雄厚，师

① 陈时见，赫栋峰.美国高中课程改革的发展趋势［J］.比较教育研究，2011，33（05）：1-5+89.

② 杨光富.国外普通高中教育多样化特色比较［J］.外国中小学教育，2014（03）：41-46.

③ 肖远骑.芬兰高中教育改革：促进学生走向卓越［J］.中小学管理，2014（05）：52-53.

资队伍专业化；对弱势群体学生的支持。① 在课程计划中，沟通和协作是促进知识构建和实际问题解决的 21 世纪的核心技能，而学生的自我调节可以提高效率，ICT 则提供了支持沟通和反思的工具，从而有助于知识构建和实际问题的解决。有研究指出，在包容性 STEM 高中收集的 67 个课程计划中，有 50 个包含 21 世纪技能的教学，大多数课程计划都是为 21 世纪的初级技能而设计的。虽然 21 世纪技能水平在年级之间没有显著差异，但在为 11 年级和 12 年级设计的教案中，21 世纪技能水平总体呈上升趋势。②

（三）淡化"应试升学导向"，强化"职业生涯导向"

日本有学者指出，职业教育不应该与"职业指导"混淆，既要指导学生培养对于未来的梦想，也要重视对现实工作的指导以及必要素质和能力的培养。③ 比如，在东京都立町田综合高中的课程安排中，"产业社会和人类"及"探究"两门科目尤为重要。④ 高一年级学生通过产业社会和人类的学习，可以比较充分地了解自己的优点和资质，了解学习的意义，提高学习动力，从而为步入高二年级选择综合学科科目奠定基础。探究学科的学习可以帮助学生将学习中发现的问题设置为自己的研究主题，并通过研究寻求解决方案，在培养学生的判断力和行动力的过程中提高其解决问题的能力。

（四）丰富综合高中内部课程样态

美国高中的主流模式是公立综合高中，但并没有出现千校一面的问题，因为

① Lynch，S.J，Burton，E.P，Behrend，T，et al. Understanding inclusive STEM high schools as opportunity structures for underrepresented students：Critical components［J］. Journal of Research in Science Teaching，2018，55（05）：712-748.

② Stehle，S.M，Peters-Burton，E.E. Developing student 21st Century skills in selected exemplary inclusive STEM high schools［J］. International Journal of STEM Education，2019，6（01）：39.

③ 文部科学省. 学校教育法施行規則等の一部を改正する省令等の公布について（通知）［EB/OL］.（2021-03-31）［2021-10-30］.https://www.mext.go.jp/b_menu/hakusho/nc/mext_00017.html.

④ 東京都立町田総合高等学校. 教育課程｜東京都立町田総合高等学校［EB/OL］.［2021-10-30］. http://www.machida-sogo-h.metro.tokyo.jp/site/zen/entry_0000002.html.

综合高中的内部呈现出了专业分化的特征，表现出了以专业分化为核心的多样化发展特点。[①] 就综合性中学而言，其主要任务是为学生的升学以及就业服务，兼顾普通教育以及职业教育。其内部一般分化为三个方向：普通科、职业科、学术科。但是，这三个方向之间并没有明显的界限，学生可以在这三个方向之间自由选择、流动。日本综合学科高中的办学实践始于1994年，以普通学科与职业教育学科课程融通和科目选修制为特点，是将以升学为主的普通教育和就业为主的职业教育融合一体的办学尝试，主要体现在三级教育管理体制、办学规模、课程设置、学分制课程管理方式、校外学分认定及毕业生双向出路等方面。综合学科课程是继普通课程和专业课程（职业课程）之后的第三门课程。通过提供灵活的教育，充分利用学生的个性，不受就业固定观念的束缚。帮助学生感受学习的乐趣和意义，培养终身学习的动力和态度，同时也让学生展望未来的职业选择，加深对自己职业道路的认识，因此适合相对独特的科目和学习需求。学生需要思考适合自己的课程方向，从众多的选修课中实现自己想要的课程，以进行考查。

---

① 李天鹰，杨锐 . 美国普通高中多样化发展的经验与启示 ［J］. 东北师大学报（哲学社会科学版），2019（03）：156-163.

第二节　普通高中特色发展的国内探索

在过去的大半个世纪里，因特定的历史背景以及教育发展的需求变化等原因，我国普通高中学校的发展大致走过了相对比较明显的三个阶段。每一个阶段相对都有各自的发展重点，不同重点的选择及其建设一起推动普通高中教育不断向前发展，面对既定的发展目标与任务不断追求教育卓越和实践精进。

一、明确双重任务与建设重点普通高中阶段

这个阶段主要是在 20 世纪 50 年代至 90 年代前半期。中华人民共和国成立初期，为了克服解放区先前扫盲教育中出现的"只重数量，忽视质量"的问题，中共中央提出"要办重点中学"的决定，集中力量办好一批拔尖学校，为高等教育输送高质量的人才。

1953 年 6 月，教育部在第二次全国教育工作会议上提出《关于有重点地办好一些中学和师范的意见》，7 月教育部通知各地要有重点地办好一些中学和师范学校，并取得经验后指导一般学校，同时责成上海市要办好 10 所重点中学。1954 年，上海市政府批准市东中学、市西中学、上海中学、育才中学、继光中学、复兴中学、虹口中学、市第一女子中学（今市一中学）、市第二女子中学（今市二中学）、市第三女子中学 10 所中学为重点中学，并要求这些重点中学不要规模过大，要努力改善各种条件，认真办好，取得经验。1959 年，上海确定重点中学 23 所，占全日制中学的 5.76%。"文化大革命"中，取消重点中学，改为普通学校。

在 60—70 年代经历了十年的特殊历史时期之后，为了挽救人才培养严重断层的不利局面和积极响应"多出人才，快出人才"①的国家发展号召，重点中学的建设再次形成热潮。1977 年 5 月，邓小平同志指出："办教育要两条腿走路，既注意普及，又注意提高。要办重点小学、重点中学、重点大学。要经过严格考试，把最优秀的人集中在重点中学和大学。"1978 年 1 月，教育部颁发《关于办好一批重点中小学的试行方案》，指出："切实办好一批重点中小学，以提高中小学的教育质量，总结经验，推动整个中小学教育革命的发展。"各地教育行政部门相继恢复了重点中学制度，并给予倾斜性的政策支持。

1978 年，上海市人民政府又重新命名了第一批 26 所上海市重点中学，之后又多次增补。1995 年，全市重点中学 79 所，其中市重点 26 所（含部属重点 1 所）、区县重点 53 所。②

重点中学在经费投入、校舍、设备、师资以及生源等诸多方面都要比非重点中学享有明显的优先优厚政策。重点普通高中的建设有其特定的时代背景，为新中国的人才预备培养做出了积极的贡献，与此同时，高中教育分层发展的格局也逐渐开始固化。

这一时期，高中学校肩负着双重任务。1954 年政务院在发布的《关于改进和发展中学教育的指示》中指出："中学教育不仅要供应高等学校以足够的合格的新生，并且还要供应国家生产建设以具有一定政治觉悟、文化教养和健康体质的新生力量。因此中学毕业生，除部分根据国家需要升学外，大部分应该积极从事工农业生产劳动或其他建设工作。"1963 年，中共中央发布《全日制中学暂行工作条例（草案）》，再次重申"中学教育的任务，是为社会主义建设事业培养劳动后备力量和为高一级学校培养合格的新生"。普通高中学校的双重任务由此明确。

---

① 袁振国.论中国教育政策的转变：对我国重点中学平等与效益的个案研究［M］.广州：广东教育出版社，1999：18.
② 傅禄建.变革中的上海普通高中发展［J］.上海教育，2017（09）：54.

二、扩大普通高中规模和建设实验性示范性高中阶段

这个阶段主要是 20 世纪 90 年代后半期至 2010 年之间。1994 年，当时国家教委在《关于大力办好普通高级中学的若干意见》中就明确提出，到 20 世纪末全国要建设 1000 所左右的实验性示范性高中。1995 年 7 月，国家教委正式发布《关于评估验收 1000 所左右示范性普通高级中学的通知》，在这一政策的指导下，各级教育行政部门陆续开展了本地区实验性示范性高中的评审，最终形成了一批实验性示范性高中。

受 20 世纪 80 年代初人口出生高峰的影响，上海市初中毕业生自 1995 年开始进入峰值期，其中 1997 年全市普通高中招生达 7.25 万，为 1981 年以来之最，[①] 高中的规模发展成为社会的现实需求。

上海市重点普通高中的高中部和初中部脱离，在扩大高中学校招生规模的同时，也在根据上海城市功能定位和形态布局需要，通过新建、迁建、扩建等各种形式，有效地新增了一批普通高中。1996 年以来，上海市在城郊接合部建了近 20 所现代化寄宿制高中，年招生达 3 万人，拓展了教育发展空间，盘活了存量教育资源，使学校布局趋于合理。

在高中阶段，结合城市建设和发展合理调整普通高中结构和高中布局，鼓励社会力量举办优质高中，探索多种所有制发展高中的新途径、新模式。经过二十多年的发展，随着不同办学主体进入民办学校，上海民办教育实现了投资主体多元化、多样化，极大丰富了学校的类型。据统计，上海市民办高中学生数占全市普通高中学生数的 11.46%，[②] 民办高中教育快速发展，促进了办学体制改革，为高中学校办学注入活力，形成了以政府办学为主、社会各界参与办学的局面。此外，还扩大了教育资源的供给，缓解了教育资源紧缺，拓宽了教育经费投入渠道。

---

① 李珍凤.对上海市高中阶段教育发展情况的分析与思考［J］.上海统计，1998（04）：19-21.

② 余利惠.上海市普通高中教育发展与建设的回顾与展望［J］.教育发展研究，2006（11）：52-56.

1995 年，上海提出建设"一流城市、一流教育"的发展目标，制定了"建设一流基础教育发展规划"①，提出了高标准、高质量地普及高中阶段教育的发展目标，紧紧抓住城市功能提升与基础设施建设机遇，合理调配资源，实现了从精英预备教育向大众普及教育的转变。这一时期，在应对初中毕业生数量激增，扩大普通高中学校招生规模、改进设点布局以及鼓励社会力量办学的同时，逐渐改变原来重点中学的提法，进一步聚焦到内涵建设与提升以及实验探索和示范的重心上来。

实验性示范性高中的建设与之前重点中学的建设相比，体现出两个突出的特点。(1)凸显了新时代优质普通高中的新特质。在国家和地方对示范性高中的标准要求中，不仅要求学校全面贯彻教育方针，有一定的办学水平，注重"国民素质"的培养。同时，还要求示范性高中要能够主动发展，办出特色；要重视科研，要"积极开展教育教学改革"，要"有教育实验项目，并取得有一定影响的科研成果。整体教育质量在当地居领先地位"。(2)注重学校硬件设施的投入。实验性示范性高中的建设是基于国家积极普及高中阶段教育的战略目标之下。为了鼓励地方政府加大高中教育的投入，在实验性示范性高中评估标准中，硬件条件也成为突出的指标。

1999 年 4 月，上海市启动上海市实验性示范性高中建设工程，前后共有 56 所学校通过评审成为市实验性示范性高中，各区先后自行建设了 87 所区实验性示范性中学。为了真正体现新时代的攻坚克难，上海市教委发布了一批具有前瞻性的市级实验项目，如教育国际化、信息化和现代化背景下学校人力资源开发以及提升学生综合素养的课程教学改革与创新等，引导这批学校进行前沿的探索，同时坚持学校自主设置发展目标，发扬学校优良传统和特色，主动寻求改革发展的突破点和新的增长点，积极借助教科研专业力量支持，不断自我反思和自我超越，彰显出蓬勃发展的新态势。

这些市实验性示范性高中自身在加强改革创新的同时，大都积极地彰显示范引领作用，如举办不同类型和规模的教育教学展示活动，举行公开教学和专题

---

① 尹后庆.上海普通高中改革的时代命题和发展路径［J］.上海教育科研,2009（11）：4-8.

研讨，向其他学校开放展示、介绍经验，和教育同行就如何进一步深化课程改革等问题进行交流和探讨。其中部分实验性示范性高中还成为市中小学校长和教师培训的实验基地，成为输送和培养骨干校长与优秀教师的摇篮。市实验性示范性高中的创建，激发了学校教育改革动力的释放，凸显出学校改革的主体性、能动性和创新性，并因其积极主动的实验探索与革新突破而成为"素质教育"的先行者和示范者，客观上促进了这批普通高中的内涵发展，也带动了一部分普通高中的协同发展。

同时也必须承认，这些市实验性示范性高中因其得天独厚的生源、设施设备投入以及师资等优势，进一步拉大了高中之间硬件条件的差距，其示范性也必然受到质疑。客观而言，实验性示范性高中的建设并没有打破普通高中教育制度化分层的体制，高中学校发展格局的变革仍然势在必行。"片面追求升学率"的现象也并没有因为普通高中招生规模的加大以及大学入学机会的增加而减弱，学生的学业负担也还比较重，普通高中学校同质化发展的现象从根本上没有得到改变。

这一时期，普通高中学校的性质和任务也得到进一步诠释。2000年，教育部在《全日制普通高级中学课程计划（试验修订稿）》中提出："普通高级中学是与九年义务教育相衔接的高一层次基础教育。"随后国家颁布的《基础教育课程改革纲要（试行）》和2003年教育部颁布的《普通高中课程方案（实验）》强调"普通高中教育是在九年义务基础上进一步提高国民素质、面向大众的基础教育，普通高中教育为学生的终身发展奠定基础，促进学生全面而有个性的发展，为学生适应社会生活、高等教育和职业发展做准备，为学生的终身发展奠定基础"。从第一阶段高中学校的双重任务到本阶段普通高中学校的多重任务的明确，必将从实践上推动普通高中学校的进一步发展创新。

三、打破固化格局、分层分类相结合，促进普通高中特色化、多样化发展阶段

2010年，中共中央、国务院印发《国家中长期教育改革和发展规划纲要

（2010—2020年）》，提出加快普及高中阶段教育，满足初中毕业生接受高中阶段教育的需求，推动普通高中多样化发展，促进办学体制多样化，扩大优质资源。推进培养模式多样化，满足不同潜质学生的发展需要，探索发现和培养创新人才的途径，鼓励普通高中办出特色和特色化发展。

　　各地方政府与基层教育行政部门响应政策要求，相继制订了促进本地区普通高中多样化建设的政策方案，并在实践层面积极探索，创新多样化的高中教育。如北京市组织开展了高中特色发展实验项目，引导普通高中学校实行自主排课实验，建立了拔尖创新人才早期培养基地，积极培育高中中外合作办学项目，并开展了普职融通探索等。天津市在完成特色高中建设项目、推进普通高中学科特色课程基地建设项目的基础上，开始实施品牌高中建设项目，并在学校自主申报、区级遴选推荐的基础上，经过市级专家组网络评审、校长现场答辩和入校评估等环节，最终确定出品牌高中建设项目培育学校名单。宁夏回族自治区教育厅印发《自治区普通高中多样化有特色发展试点工作方案》，将普通高中多样化有特色发展试点校确定为科技创新高中、人文特色高中、体艺特色高中、普职融通高中四种类型，着力打造出一批能在全区逐步推广成功经验的特色试点高中。辽宁省教育厅则提出全省普通高中学校特色项目覆盖率达到100%，尝试普职融通试点，在全省形成布局合理、灵活多样、特色鲜明、评价多元、满足需求的普通高中多样化特色发展新格局，通过分层定位、分类规划，使一批普通高中形成独特的学校文化和鲜明的办学特色，充分满足学生的自主选择和差异需求。

　　2011年，上海市教委专门设立特色普通高中建设项目，并为此成立领导小组和项目研究组，积极鼓励广大普通高中申报特色建设项目校，学校自主选择适合校情的特色建设作为学校发展的重要目标，在课程建设、教学变革、教育管理、教师培养、资源开发以及校本评价方面全方位进行实践探索。项目专家组予以跟踪式、陪伴式的长程指导，学校经过"分组交流—全市展示—初评—复评"的全过程，全部通过的学校即由上海市教委命名挂牌"上海市特色普通高中"。

　　为了持续推进特色普通高中建设，上海市先后研制出台《上海市推进特色普通高中建设实施方案（试行）》和《上海市推进特色普通高中建设三年行动计划（2016—2018年）》。十多年来，全市分多批次接收项目学校共60所，特色涉及科技、理工、环境生态、生命、音体美、戏剧艺术、语言文化、法治、中华优秀传统文化、中国红色精神、商学、史学、金融、财经、航海、海洋、市政、师道等近20种丰富多样的类别。截至2022年6月，上海市教委分六批次先后命名挂牌上海市特色普通高中17所。

特色普通高中的建设撬动了长期以来高中学校分层固化的格局，激活了传统非重点学校发展的活力，有力引导了生源不占优势的一般学校通过分类教育的尝试与突破，从而实现育人价值的有效彰显和发展新赛道的崭露头角，形成了全市分层与分类并行发展的普通高中教育新生态，同时也倒逼传统优质学校再次思考变革深入发展的新突破，一起卓越践行立德树人、为国育才、为党育人的神圣使命。特色普通高中项目校占到了全市高中的近1/3，它们都主动聚焦育人方式的转变，成功创建为市特色普通高中的学校同时也成为高质量发展学校的新标杆，尚在创建特色过程中的一般普通高中也找到了促进学生全面而有个性发展的新路径。

普通高中学校走过的三个阶段也清晰地反映了高中学校发展的阶段性侧重点，从当初的集中力量办好一批重点中学，主要是满足当时高等教育对优质生源的迫切需求；到高中教育普及和实验性示范性高中建设，主要是带动和促进高中学校规模发展和内涵发展；再到特色普通高中的建设，则是进一步打破分层固化的高中发展格局，从而创造良好可持续、和谐发展、错位竞争、各美其美的普通高中教育新生态。

第三节　上海特色高中建设的使命与价值

普通高中教育是"在义务教育基础上进一步提高国民素质、面向大众的基础教育"[①]，肩负着促进学生全面而有个性发展，为学生适应社会生活、高等教育和职业发展做准备，以及为学生的终身发展奠定基础的重大使命。

一、担当高中在国民教育体系中的地位与使命

在我国国民教育体系中，从纵向上看，高中阶段教育一端连接义务教育，一端连接高等教育，是义务教育的出口后继续教育的必然选项，同时又是高等教育入口前的必经路径。其中，普通高中教育是高中阶段教育的主体，是整个国民教育体系中承上启下的关键环节。普通高中教育的价值观、质量观、育人方式对义务教育具有导向作用，对高等教育具有支撑作用，影响高等教育生源的规模与质量，可见普通高中教育质量能影响国民教育质量全局。

从横向上看，普通高中与职业高中（或中专等）构成我国高中阶段教育的整体，按照国家政策规定，两类教育的规模大体相当。但是从作为义务教育和高等教育的衔接阶段的功能来看，从社会大众对读什么样的高中教育的实际需求来看，普通高中都承担着主体功能，是大多数学生的首选。

从功能属性上看，普通高中教育和九年义务教育同属基础教育，但义务教育

---

① 中华人民共和国教育部.普通高中课程方案（2017 年版 2020 年修订）［M］.北京：人民教育出版社，2020：1.

具有普及性和强制性，而普通高中教育则体现着选择性和选拔性。即，义务教育初中阶段的毕业生既可以选择普通高中，也可以选择职业高中，同时普通高中对新生入学进行选拔，但义务教育阶段小学和初中都是按照对口学区实行就近免试入学。普通高中教育和大学教育都具有选拔性和选择性，但大学教育实行的是专业教育，普通高中教育则是基础教育。普通高中教育和职业高中教育同属中等教育，但职业高中教育具有定向性，是在直接为就业进行准备的教育，而普通高中教育则是基础性教育，是在为学生一生的成长和发展奠基，是在为学生的幸福人生做准备。

表 1　普通高中教育的多维度比较[①]

比较维度	维度 1		维度 2		维度 3	
	义务教育	普通高中	大学教育	普通高中	职业高中	普通高中
共同特征	基础性		选拔性、选择性		高中教育	
区别特征	义务性、强制性	选择性、选拔性	专业性	基础性	定向性，为职业就业做准备	基础性，为适应社会生活、高等教育和职业发展做准备[②]

综上所述，普通高中教育相较义务教育而言具有一定的选拔性，承担着为高等教育输送合格人才和支持特色多样发展的重任，同时相较并行的职业教育而言又具有基础教育的性质，是在为学生一生的成长和发展做准备，承担着培养合格的社会公民的重任，因此全面发展与个性发展兼顾、通识培养与特长发展兼顾、人生奠基和生涯规划兼顾成为普通高中办学的应有之义。

---

① 胡庆芳.特色普通高中建设的时代价值与模式创新［J］.上海教育，2018（27）：64-65.

② 中华人民共和国教育部.普通高中课程方案（2017 年版 2020 年修订）［M］.北京：人民教育出版社，2020：1.

二、回应学生日益多样优质的成长需求和教育诉求

追求教育的特色与多样，本体上只是一种办学的手段，但其背后渗透的是一种文化，即对人的发展需要的本能尊重和习惯性洞察。教育的对象是一个个具有独特个体特征的人。人的思维具有多样性和复杂性，人的认知风格具有鲜明的个体特征。[①] 现代教育理念下，任何教育都应该力求给学生提供更加个性化的人文关怀和指导，从而回应学生存在的差异。

（一）回应高中学生成长关键期的独特需求

高中时期是学生个体成长成熟的关键时期。在这个时期内，学生个体特征不断走向成熟，对自我的认知更加稳定，对自我的目标、需求和方向也更加清晰，他们希望进一步了解周围的世界，也开始意识到独立的意义，渴望随心所欲地安排自己的学习和生活。一般来讲，青少年时期的自我设计是在高中阶段完成的。在这个时期，学生有更广阔的视野，兴趣多样并开始有选择性地执着于其中一种乃至多种；有很强的接受新事物的能力，思维活跃，在一些问题上能够保持理性，敢于质疑，勇于表达自己的意见。高考带来的竞争压力以及对社会了解程度的加深，都会不同程度地印刻在他们的思想和言行之中，他们的成熟与脆弱并存，所以这个时期迫切需要适切的发展指导。学生的兴趣需求有个体差异，社会需要的人才类型和层次多种多样。高中教育应如何促进学生全面而有个性发展，奠基学生面向未来之本，为党育人、为国育才？如何进一步彰显开放、优质、多样的特征？如何进一步去同质化，实现有特色、可选择？

（二）应答教育发展新阶段中百姓优质多样的教育需求

教育是城市核心竞争力的重要支撑，承载着每一个家庭对美好生活的向往。随着社会和经济的快速发展，人民的物质生活水平普遍得到改善，与此同时也产生了更高的教育需求。从上海的具体情况来看，"十二五"以来，上海高

---

① 徐士强.同质、多样、创新：普通高中发展热点问题辨析［J］.中小学管理，2010（10）：44-45.

中阶段教育毛入学率稳定在 98% 左右，老百姓对高中教育的需求已经从"有学上"转为"上好学"，从关注入学机会公平转向更加关注过程公平与质量，从片面关注学业成绩转向更加追求子女的全面而有个性发展。家长不再满足于自家孩子高中三年接收到的只是能够应对三年后的考试会考查到的一些基础知识和必要技能，他们也希望孩子朝气勃勃而不是因考试重压而暮气沉沉，他们希望孩子通过高中学段的学习能够更加灵活应变而不是以本为本、因循教条，他们希望孩子通过教育成为温暖感恩的人而不是精致的利己主义者，他们同样也希望孩子通过学校教育能够更好地融入社会生活并学会合作共赢而不是只擅长应试和惯于竞争……这些诉求和期许正是高中教育需要促进学生全面而有个性发展的最生动、最朴素的表达。这种诉求和期许不再仅仅是孩子进了高中之后的三年后"大学升学率高"，同时也是高中学校通过浓郁的学校文化和丰富的课程与活动对学生多样学习需求的满足、对学生兴趣和潜能的激发，从而引导学生健康快乐、全面充分地成长。① 提供优质、公平、多样、可选的高中教育已经成为民众的期盼，也是政府提供优质的基本公共教育服务的任务和履职体现。

三、突破普通高中办学和育人方式同质化的困局

普通高中承载着为学生一生的成长和发展奠基，培养合格公民，以及为大学升学作准备的多重任务。普通高中在办学的过程中，在为大学培养和输送人才方面做出了不可取代的突出贡献，与此同时，办学过程中出现的一些问题也越来越明显地表现出来，可持续发展的瓶颈亟待突破。②

如，教育功能片面化。本来普通高中教育旨在促进学生全面而有个性发展，并承载着公民基础素养培育和大学预备教育的多重任务，但是在实际办学过程中，促进个人充分发展的功能和社会公民素养的培育越来越弱化，而是聚焦于短时间投入时间和精力能够比较明显看见成效的大学预备教育，特别是随着学生

①② 胡庆芳．特色普通高中建设的时代价值与模式创新［J］．上海教育，2018（27）：64-65．

家长的片面诉求和教育评价的"唯高考升学率是瞻"的倾向一度愈演愈烈。普通高中学校也被此潮流裹挟前行，毕其功于一役地助力千军万马过独木桥，慢慢牺牲掉学生的个性发展和因材施教，追求整体应试成绩的不断提高，育分取代育人。无止境的竞争导致千校一面和同质发展，随着应试操练越来越技术化和扩大化，其内卷也不断加深。

再如，高中格局固态化。因为历史的原因，普通高中学校也分市级重点高中、区级重点高中和一般普通高中，不同层级的重点高中在招生方面享受优先挑选生源的权利，层层挑选。在拔尖创新人才早期培养的机制还不够健全的时代，过度层层挑选生源会导致不同层级的普通高中在大学升学指标上进行着不对等也不公平的竞争。这种固化的格局致使普通高中教育整体可持续的发展面临着严峻挑战，这也正是今天仍在被关注和热议的一直垄断地方优质资源而致的"县中现象"的根源所在，"县中已经凝聚了巨大的优质教育资源，需要我们因势利导，以更加高远的战略眼光和勇气，建立县中能量释放鼓励机制，将县中办成开放性的辐射作用更强的学校，带动县域教育发展"①。

普通高中教育的功能片面化、格局固态化，固然有其特定的原因。比如，首先学生及家长的需求趋同。高等教育大众化，更加刺激了老百姓对孩子读大学的普遍需求，大部分高中生也都以升入大学特别是名牌大学为主要学习目标和人生梦想。学生和家长的这种刚性需求促使高中学校不得不以升学为办学的主要任务乃至主要目标。其次，学校异质发展的空间不足。党和国家的教育方针政策具有统一性，课程与教学改革的目标具有统一性，高校对人才的选拔方式具有统一性（目前主要还是统一高考）。在这三个"统一性"之下，学校异质发展的空间朝哪里开拓，不是一个容易回答的问题。最后，学校性质接近。普通高中学校同处基础教育阶段，要承担的是为人才成长打基础的教育职责，因此学校在办学目标、课程设置乃至教学方法上都不可避免地产生同质性。这种学校性质和使命任务的一致性，也在一定程度上促成了高中办学和发展的同质性。伴随着同质化的形成和加剧，学校办学目标总体上片面追求升学知识技能的掌握，选择

---

① 袁桂林.县中现象：迷茫在素质教育路上［N］.中国教育报，2005-11-01（003）.

性遗落升学之外的关键素养培育；课程的差异度、多样化不够，学习的广度、深度、丰富度不够。①

　　尽管如此，我们也不可否认，在当前的普通高中教育中，学校在目标上过度偏倚升学而弱化人的整体素养提升，片面追求升学知识技能的掌握，选择性遗落升学之外的关键素养培育；在育人素材上，地方和学校层面的课程自主权没有得到科学有效发挥，课程的差异度、多样化不够，学习需求难以得到更好的满足；在方法手段上过度依赖教师讲授、学生识记、纸笔考试，追求在校内"一站式"速成，学习的广度、深度、丰富度缺失，纸上谈兵，知行联结不够；在管理运行上高度服务于应试升学，效率虽高，但只是朝着单一升学目标迈进，导致育人宗旨片面化乃至畸形异化。

　　普通高中育人同质化依然普遍，这成为高中教育进一步发展的瓶颈。面对学生需求和家庭教育选择日益多样的趋势，高考改革也在如火如荼地推进，考核科目多元组合、录取方式多样化已经成为趋势。这要求高中教育必须转轨，迫切要求学校从依据分数、分层培养的惯性中解脱出来，结合自身的办学基础、未来社会对人才的需求以及教育理想，反思并重构办学定位，转变育人方式。②

　　综上所述，其实践意义与价值主要体现在以下几方面。（1）重新找回育人的价值观。学校必须从如何满足学生的兴趣爱好、个性特长的多元教育需求来设计学校最适切的教育，"一切为了学生，为了学生一切，为了一切学生"的育人价值观在学校得到充分彰显。重新回归高中教育"升学准备""公民必备"和"职业准备"三位一体的使命担当。正如《普通高中课程方案（2017 年版 2020 年修订）》所提出的那样，高中教育要"反映先进的教育思想和理念，关注信息化环境下的教学改革，关注学生个性化、多样化的学习和发展需求，促进人才培养模式的转变，着力发展学生的核心素养"。（2）重新找回育人的大智慧。学校育人工作的最大智慧就是因学生不同的禀性天赋、身心发展规律以及兴趣特长而因材施教，"顺木之天，以致其性"，为每个学生提供适合的教育，让每一位学生成为更好的自己。对于学生，适合的教育也就是最好的教育。（3）重新找回学校的精

---

①② 徐士强．特色高中如何撬动高中教育变革［N］．光明日报，2020-01-07（13）．

气神。每一所普通高中学校都有自己的发展历史、文化传统、生源师资以及环境影响，"一把尺子量所有"（one size for all）的评价观念本身就带有不合理性和不充分性。学校的建设与发展就是要让每一所学校都能够找到真正适合学校条件的发展之路，"人无我有，人有我优"，一校一品，从而让每一所学校都焕发出特色办学的精气神。①

四、高中多样化发展政策切实落地的有力抓手

推动普通高中多样化发展，鼓励学校办出特色，是国家一贯的战略要求。十八大以来，党和国家始终坚持把教育摆在优先发展的战略位置，回应老百姓对更好、更公平、更优质教育的新期盼。普通高中多样化是高中发展的战略方向和实践命题，也是深化育人方式改革、促进学生全面而有个性发展的内在需要。但不容回避的是，普通高中多样化发展虽然在顶层设计上有清晰的政策导向、有高考改革发挥引导作用，但是招生录取方式带来的实际效果不明显。学校办学育人依然有很强的传统惯性，同质化办学、育分高于育人的问题依然十分突出。各级地区在落实高中多样化发展政策上鲜有实质性、持续性的抓手，学校分层管理、同质竞争、以高考升学率论排名的局面没有改变，高中多样化发展的政策缺乏有效落地。

多样化是有质量的多样化，但是树一句标语、开几门课程、做几次活动，这种碎片式的常见做法无法撬动同质化发展积弊，更难以打造一所所特色鲜明的学校，遑论高中群体多样性样态和生态的形成。同时，区域内支持学校错位发展、各美其美的政策和机制依然不够，学校活力不足。普通高中整体上日益形成分层格局并且在不断被强化。如实验性示范性高中分省地级等，星级高中分三星级、四星级等。学校之间逐渐产生层次差距，这些差距又因升学考试的捆绑而加剧，普通高中整体上日益形成分化分层的格局并且不断被固化。学校的类型分层、资源配置分层、招生分批分层，导致学校潜在的发展机会和隐性资源也被

---

① 胡庆芳.特色普通高中建设的时代价值与模式创新［J］.上海教育，2018（27）：64-65.

分层。适度分层是激发活力、良性竞争的手段，但是过度强化分层则会导致资源配置、招生以及学校潜在发展机会和隐性资源的不均不公，强化了"层"而弱化了"争"。区域缺少各美其美的学校生态，不同层级学校间产生无形鸿沟，一般普通高中学校上面横亘着"玻璃天花板"，容易滋生怠惰、蛮干等非常态现象。[①]遴选重点高中/示范性高中、设立星级高中等，制造学校级差，分层配置政策，并让所有学校在同一赛道竞争。这种分层管理、同质竞争的模式长期存在，成为困扰处于中底部的一般普通高中发展的突出问题。

学校的基础差异不应成为其进一步发展的阻碍。如何才能为一般普通高中找到转型提质的突破口和新赛道，抬升高中教育质量的基线？迫切需要找到一个支点和抓手撬动这种格局，推动一般普通高中转型发展，建立分层和分类发展相结合的教育生态，不断彰显办学特点和育人特性，增添多样化发展的质感。

特色高中建设，首先就是要从育人目标、课程建设等方面探索推进个性化办学，增加育人的识别度，为学生全面而有个性发展坚实奠基。

五、赓续教育与城市交相辉映的文化传统

上海是一座开放、包容、创新的城市。自开埠以来，上海城市发展变迁，有高潮有低谷，教育始终与之同兴同艾。

上海自开埠以来，鸦片战争结束以后，洋务运动、维新运动以及清末新政相继登上历史舞台，上海逐渐成为中西经济、文化的交汇点，学校教育也开始了意义深远的近代转型。今天我们熟知的上海中学、松江二中、复旦中学、浦东中学等都是在那个时候诞生的。同时，伴随口岸开放，教会学校、租界学校纷纷诞生，中外合作办学亦顺时肇始，使得当时的上海被称为"教育万国博览馆"。到20世纪20年代末，华童学校开始增多，如华童公学（今晋元高中）、育才中学、聂中丞华童公学（今市东中学）、法文书馆（今光明中学）等。这些租界学校开设大量外语、算学、自然科学、技术等新型内容，是新式学校的代表。

---

① 徐士强.特色高中如何撬动高中教育变革［N］.光明日报，2020-01-07（13）.

中华人民共和国成立后，上海以其工业、制造业基础和海纳百川的开放基因支撑着百废待兴的国家。上海教育同样为国家输出了很多典型。如市东中学在时任校长、教育家吕型伟的带领下，开展教育教学改革试验，形成了"三班两教室"的教学组织形式，扩大了适龄孩子入学的机会。60、70 年代育才中学的教学改革，70、80 年代的青浦教改实验，90 年代的高中研究性学习、寄宿制高中、实验性示范性高中建设等，都在全国产生了较大影响。

在教育与城市同频共振的过程中，上海对教育特色与创新的追求始终不断。如创办于 1874 年的格致书院（今格致中学）是中国近代最早系统传播西方自然科学的，学校以数学为基础，以矿务、电学、测绘、工程、汽机、制造科技课程为主体，体现了"经世致用"的科技教育课程特色。创建于 1901 年的育才学校，创办之初即以"中西并包，汉英兼采"的课程和教学为特色，育才学子的英语水平在当时的上海无出其右。①

一百多年来，上海城市与教育交相互动，二者共同铸就了上海的城市文化基因。今天，我们致力于创办有特色的、创新的、高质量的教育，是对上海这座城市文化基因的传承与发展。2019 年 3 月，上海教育大会提出，一流城市孕育一流教育，一流教育成就一流城市。上海正加速朝着国际经济中心、国际金融中心、国际贸易中心、国际航运中心和国际科创中心的宏伟目标迈进。上海"海纳百川、追求卓越、大气谦和、开明睿智"的城市精神正召唤着每一位生活、工作、学习于斯的上海人都身体力行地对上海城市精神予以生动注解。无疑这样的城市定位和城市精神为作为基础教育出口的普通高中教育提出了与之相适应的基本素养培养的新要求。高中学校必须致力于引导教育告别一味无止境的升学人数上的竞争以及升学者中又在重点大学和名牌大学上的比拼，走出内卷的狭路闭环，寻找真正富有生命力的生长点，用创意、信心和智慧成就百花齐放的教育新生态。②

---

① 徐士强.上海普通高中名校的历史生成与当代转型［J］.教育发展研究，2010，30（18）：25-29.

② 胡庆芳.特色普通高中建设的时代价值与模式创新［J］.上海教育，2018（27）：64-65.

第二章

特色高中的内涵与相关问题辨析

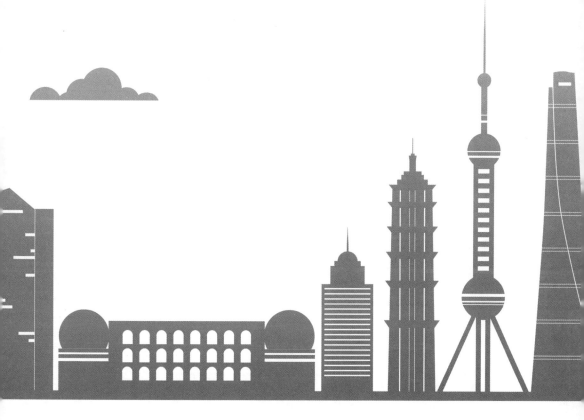

国内外关于特色学校、学校特色、办学特色的理论研究与实践探索由来已久。其中对于特色学校的内涵，学者们从不同角度提出了丰富的理解，归纳起来，有几个方面的共识：第一，特色是一种稳定的学校文化；第二，体现差异性、优越性，特色教育体现错位，且能达到较高的水平；第三，整体性，特色体现在办学育人的方方面面；第四，以促进学生个性化发展为价值追求。特色高中是特色学校的一种，特色高中内涵在具备上述共性要素的同时，还有没有特质？与相近概念的关系是什么？从实践视角看，特色高中建设有什么理论基础？有哪些必然的要素和抓手？本章试对此加以阐述。

第一节　特色高中的内涵诠释

一、特色高中的内涵和要素

（一）内涵

百度百科对"特色"的解释是："一个事物或一种事物显著区别于其他事物的风格和形式，是由事物赖以产生和发展的特定的具体的环境因素所决定的，是其所属事物独有的。是事物所表现出独特优异的地方。"①《现代汉语词典》中对"特色"的解释为："事物所表现的独特的色彩、风格等。"② 顾明远教授指出："所谓特色，顾名思义，是指不同于一般，不是平平庸庸，而是要有所创新，有自己的特点，具有个性，而且这种个性能够形成学校本身发展的动力、氛围和态势。"③ 可见，特色是一个事物与其他事物的显著差异性，且这个差异指向的是独特的优质性。创建特色高中是一种使高中拥有显著区别于其他高中的独特的优质性的过程，本质上是一所高中为了提高办学品质进行的学校变革。

特色高中是指普通高中（区分于职业高中）根据本校的内部状况（办学传统、办学资源优劣势、学生发展需要）和外部环境（政策要求、社会发展需要、家长需要等）挑战，通过挖掘学校自身独特的优势资源，为学生创造出个性化、优

---

① 特色［EB/OL］.［2022-11-07］https://baike.baidu.com/item/%E7%89%B9%E8%89%B2/3690806?fromModule=lemma_search-box.

② 中国社会科学院语言研究所词典编辑室.现代汉语词典（第7版）［M］.北京：商务印书馆，2016：1281.

③ 顾明远.教育质量与学校特色［J］.基础教育参考，2009（06）：1.

质化的"教育服务"，使学校形成特定领域优势的高中。这种个性化的"教育服务"是指学校教育中某个领域的卓越，并且这种某个领域优质发展能起到"杠杆"的作用，可以导致学校相关因素的改变，从而引起学校的系统变革。这种个性化、优质化的优质教育服务意味着，特色高中不仅在学校内部形成自己独特的、与众不同的、全校师生所认同的办学理念、办学思路、办学举措、育人环境，并且在育人效果上也十分显著。

在特色高中的理解上，最容易引起误解的当属学校特色与特色学校。二者都体现为在办学过程中具有独特的色彩和风格，但是二者的独特性涵盖的范围具有本质区别。学校特色是学校在局部领域的个性与优势，如管理工作或者教学工作等。而特色学校是学校办学方方面面都一致具有的显著的个性与优质，包含教育理念、培养目标、课程设置、师资建设、教育管理、校园环境、学校设施。即学校特色的个性、独特性在学校局部呈现，特色学校的个性、独特性在学校的系统内整体呈现，具有系统性。特色学校在办学上的系统的独特性并非空降学校，而是来自学校的局部办学特色与办学优势。特色学校创建必经办学特色创建的阶段。先形成局部优势再扩展至学校系统，形成学校的系统优势。一旦学校在办学上形成了具有系统性、一致性的办学优势，就稳定下来，不轻易改变。因此，创建特色就是在创建学校的独特办学历史。可见，特色高中的特色教育服务具有独特性、系统性、优质性、稳定性的特征。创建特色高中是一项整体性的学校发展战略，是一种新型高中发展模式，是一种学校内涵发展的策略，是一项增强办学竞争力的策略，是提高普通高中办学质量的可操作性很强的路径。

（二）要素

一所成熟的优质特色普通高中有独特的构成要素，以及要素之间合理的关系。第一，特色领域的选择定位有良好的历史积淀，是学校固有的潜能领域，而非学校的盲目选择。在选择过程中师生积极参与其中，最终得到师生的广泛认同。特色的选择创新性很强，符合教育客观规律，有科学性依据。第二，依据学校选择的特色领域，学校修改完善了原有的办学理念、办学思路，特色领域与办学理念融会贯通，相互支撑。第三，学校的环境文化彰显了学校的特色，与特色建设浑然一体。第四，建构了彰显特色的课程与教学体系。第五，充分利用社会资源和本校教师资源，组建特色教师队伍。特色教育教师数量充足，来源多元，建立了提升特色教师教学质量的教研机制，师培力度及有效性比较强。第六，形成了特色创建的系列机制。第七，对自己选择的特色建设方向开展不懈的实践追求。特色的建设可以对教育实践起到良好的指导作用，在教育实践中取得良好的育人效益。总之，特色高中是以特色的个性化为主轴，以办学理念科学化为根基，以特色课程体系化、特色教师多元化、环境创设外显化、特色管理专门化为举措，最终指向育人成效的高效益，即最终指向的是人本化。

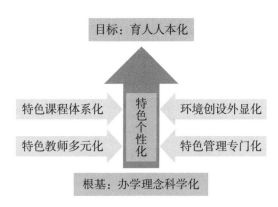

图 1　特色高中的组成要素及关系示意图

二、特色高中的核心观测点

（一）特色的选择与定位具有合理性

特色高中创建是一个需要学校不断做出选择的过程。学校在选择创建特色高中这条办学路径之后，需要进行的第二个选择就是创建什么特色，以及特色从哪里生长起来。特色不能无中生有。不考虑学生的原有基础，空设一个特色进行创建，会增加创建的难度。学校可以梳理自己的办学历史，从中找到自己的发展优势，使之作为特色的生长点。这样的特色建设会有牢固的根基，也比较容易得到师生的认同。因此，历史积淀的办学优势是特色选择的第一个路径。学校立足于自身的历史积淀培育特色，具有较大的自主性和内驱力。另外，在选择特色时必须契合政策导向。学校需要研究国家、市、区三级政策要求，尤其是区级政策，将政策作为特色选择的背景因素考量。同时，特色是特色高中的个性化标识，是学校的名片，必须彰显本校学生的特有需求。在特色高中调研中，基于对学校的案例研究发现，特色高中实验校的特色定位多由"历史积淀—政策导向—学生需求"三维聚焦而成。学校在特色定位时要处理好教育的底色和特色的关系。底色是普通教育，是特色的基础，是本体；特色是重基础、有层次的专长教育，与底色有融有分。学校可以通过办学理念、育人目标、课程结构与实施计划的科学设置来处理好二者的关系。

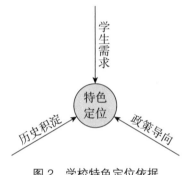

图2　学校特色定位依据

（二）提供的特色教育服务具有优质性

普通高中学校能在办学思想、育人目标、课程结构、教师资源和平台等一个或多个方面，提供具有学校特点的教育服务，能在特色领域上体现出比同类学校更高的教育水平和育人质量。比如，法治素养培育的特色高中，学校在培养法治素养的课程、资源、手段上应较其他同类高中更丰富、更高效，学校相关教师在法治领域的教学教研上应建立地区高度和影响力，学生在法治素养相关的领域上要能展现出较其他学校学生的优势。

（三）特色教育课程具有系统性

特色高中的特色教育服务应该是课程化的，即纳入学校课程体系，成为学校课程计划的重要内容，既有专门课程，也有渗透式的课程，并有学校自主开发的特色校本课程和教材，以及相应的课程管理体系。特色课程应含必修、选择性必修和选修三类。依据国家高中课程方案，特色课程能融入必修课程、组合于选择性必修课程、凸显于选修课程。比如，上海市闵行第三中学的航空航天教育特色课程既有来自国家课程的必修性内容（依托国家课程实施），也有自主拓展加强的选择性必修课程，还有专门打造的选修课程。

（四）特色教育服务具有差异性

差异性是特色教育识别度和精准度的直接体现。特色教育的差异性包含两层意思。一层是学校的特色教育较其他同类学校而言，具有独特性，或者显著优于同类学校的特色教育，有鲜明的识别度。另一层是学校特色教育在校内具有不同的功能和层次。学生之于特色教育客观上会形成不同的需求，通常可以分为基础性、发展性和拔尖性三个层次。特色高中的教育要能够立足学生基础素养的培育、满足有兴趣的学生进一步发展相关兴趣、支持少数学生的相关更高层次的需求，做到应答基础需求、鼓励兴趣发展、支持拔尖提升，从而做到精准教育。

（五）特色教育师资队伍具有充足性

有一支稳定的志于学校特色发展且能够完成学校特色教学任务的管理队伍和教师队伍。特色是学校在发展过程中挖掘出来的，是一个新生事物，而课程化的特色教育服务需要大量的特色教师。在特色创建过程中，学校必须有意识地培养与发展特色教师，保障特色教师数量充足。为了确保师资力量充足，学校可以采取如下措施：（1）扩大特色教师的招聘；（2）对校内教师进行双师型培养；（3）从高校、中职校、科研院所等社会机构招聘兼职教师；（4）与其他学校合作，共享师资与课程资源。

（六）特色教育具有辐射性

特色高中提供的特色教育在校内外具有较高的认可度和知名度，特色办学的经验不仅在本校发挥巨大促进作用，而且在一定区域内辐射其他学校。其辐射类型包含以下几种。一是在横向上，特色教师与特色课程向其他高中开放共享，特色教师走校授课、联合教研、特色课程校际选课等，如前几年上海力推的线上课程，即市级慕课，不少特色高中拿出自己的特色课程面向全市点播。二是纵向上在不同学段间辐射，尤其是特色资源辐射到小学和初中，形成特色一条龙式发展形势。上海有些已经命名或正在创建的特色高中实际上是完全中学，有不少特色课程下移到初中阶段。此外，特色教育在学校所在社区、街区辐射也是常见的形式，如上海市香山中学年度举办的社区画展、上海理工大学附属中学面向社区和全区举行"尚理杯"未来工程师大赛等。

（七）特色教育具有可持续性

特色是一种先进的、独特的、富有时代特征和相对稳定的学校文化。学校特色办学的理念和思路已经制度化，渗透在学校办学制度的各个方面，渗透在学校的育人与管理全过程中，较少受到人员变动的影响，尤其是较少受到校长更换的影响，具有稳定性和可持续性。如今已经被命名的上海理工大学附属中学、华东政法大学附属中学、华东师范大学附属东昌中学、上海市香山中学、上海市罗店中学等都在初评或复评命名前，恰逢校长正常更替，但迎评建设工作和评审结果最终不受影响，充分说明特色教育的可持续性。

总之，特色高中的创建需要坚持基础教育的本质属性不变，万变归宗，特色高中创建要立基于普通高中基础教育的本质属性之上。特色普通高中始终是普通教育和特色教育有机融合的普通高中，而不是办成职业中专。

第二节　特色高中建设的理论基础与问题辨析

一、特色高中建设的理论基础

学校要对本校的历史和现状有清晰的认识与定位，通过师生的民主参与，选择本校具有历史积淀和当代优势的领域，这个优势领域就成为学校特色发展的方向。在创建之初，特色选择具有多开端性，学校可以选择的方向并不是唯一的。但是，特色创建不能多点齐发，应该聚焦在一个方向明确的领域。这个方向在实践中会不断完善与修正，逐渐清晰并稳定下来。确定特色领域后，学校需要制定特色发展规划，选择和利用校内外资源，不断开展反思性的创新性实践。在实践过程中不断强化对特色的认同感，最终得到师生认可，并不断趋近既定的特色建设目标。特色高中创建不是一蹴而就的，有一个特色的选择与定位、特色的孕育与发展、特色的巩固与成熟的过程。特色创建过程是学校不断选择与践行的过程。特色高中创建的过程本质上是学校进行教育教学整体改革的过程，是形成学校的错位发展优势，使学校在竞争中始终立于不败之地的学校发展战略。

（一）竞争理论

竞争理论研究者波特指出：竞争分为两种高低不同的层次，低层次的竞争优势是依赖同质的规模性竞争；高层次竞争优势是指产品的差异性竞争优势，生产出更符合大众需要的差异性产品，从而增加竞争力。[①] 竞争理论对学校的启示是，

---

① 转引自：刘霞. 普通高中多样化发展的路径研究 [D]. 南京：南京师范大学，2015：33.

如果能增强育人的差异性，培养出具有本校特点的学生，就能提高办学育人的竞争优势，提升办学品质。实际上，学校教育面对的学生都是有独特性的生命个体，每一所学校也有它产生发展的独特历史和条件。基于学生和学校的特点探索差异化办学育人的抓手与路径，形成自己的优势和特色，打破同质化竞争，本就应该成为学校办学的基本策略。竞争理论对激发普通高中扩大发展的视域和空间，寻找到适切的办学育人路径具有积极的启发作用。

（二）生态学理论

生态学认为生态系统中的生物应该是多样的，多样的生物之间维持一种平衡关系。对于教育生态而言也是如此。教育生态中的学校应该是多种多样的，各具特色。这样教育生态才能取得长足的发展。特色高中转变了以往依赖升学的单一竞争关系，形成了一种依赖横向的特色分类的系统，促使学校形成了多样化形态，是一种教育优化的表现。例如，华东师范大学附属东昌中学的金融教育、上海市田园高级中学的创意设计教育、华东政法大学附属中学的法律教育等。这些学校基于自身优势形成了自己的特色。学校的追求各不相同，形成美美与共、和谐共处的局面，在区域层面形成了普通高中多样化发展的生态。

（三）需求层次理论

马斯洛的需求层次理论认为人的需求是多种多样的，这些需求可以按照不同层次划分为低级需求和高级需求。其中，低级需求是人类生存的基础性需求，如果这些需求得不到满足，人类则无法生存，可以称为生存性需求。生存性需求对所有人都是相同的。在生存性需求得到满足以后，才会出现高级需求。高级需求是发展性需求，不同人的发展性需求是有差异的。马斯洛的需求层次理论为理解普通高中学生的教育需求提供了框架。高中生的教育需求亦可以分为基础性需求和发展性需求。基础性教育需求具有共同性，发展性教育需求具有差异性。我国的高中教育一直以来都在努力满足高中生的基础性教育需求，对不同高中生的差异性发展需求关注不够。不同特色高中选择不同的优势领域，学生通过选择不同的特色高中就可以满足自己与他人不同的差异性发展需求。特色高中创建为满足学生不同层次的教育需求提供了现实基础。

二、特色高中建设相关问题辨析

（一）学校的优质和特色是什么关系

优质和特色是什么关系？是包容关系：特色包含在优质之内，还是并列关系：优质和特色是两条平行线？抑或是递进关系：以优质带动特色，或是以特色带动优质？这是较为多见的几个疑惑。本书认为可以从以下三个角度考虑。

一是反面观，重心不同。优质的反面是低质乃至劣质，而特色的反面是同质化，学校发展目标、发展思路和发展模式趋同。前者更倾向于表达质，讲的是发展水平问题；后者偏重展现方法和策略，讲的是发展途径问题。水平和路径是相互促进的，发展水平的提高依赖于正确的发展路径，而发展路径的选择是以一定的发展水平为基础的。所以优质和特色是内在一致的，但思考的重心不同。

二是结果观，优质大于特色。如果从办学结果，即质量的角度看，优质统帅特色。从全面质量观出发，办学质量，即育人结果，包括学业水平、学习兴趣、学习效率和学生身心健康等核心指标，也包括学生的特长、优势潜能的挖掘和进一步提升，为其将来成为特色人才打好基础，特色路径也是服务于育人目标和育人结果的。因此，优质是大概念，包容特色。从理论上讲，如果一所学校被称作优质学校，那么其教育不但水平高，而且也是有特色的。

三是指向观，二者目标一致。从实践针对性来考虑，优质与特色共同针对的是普通高中的同质化发展，即普通高中的培养目标趋同、办学模式接近、课程设置相似、教学方法相仿，导致学校办学特色不明显。二者一并提出，目的在于引导学校以全面优质的发展观取代畸形质量观，以特色克服同质、促进优质。学校要提高质量，但不是要盯着升学率，否则得到的质量是瘸腿的质量。学校要树立科学的质量观，把学生的学业水平、学习经历、身心健康、学习兴趣都纳入办学追求。但每一所普通高中学校因为其实践的直接性、现场性，而呈现出对于学校教育目标更为立体和丰富的理解。所以，不同目标指引下，追求"优质"的途径应该是多种多样的，不应该走入新的"统一模式"。学校要在发展途径上动脑筋，找到自己的独特路径，这就是特色办学和特色发展。

学校的实践选择是什么？淡化概念纷争，选择"优质＋特色"的发展模式，拓宽学校的质量观，改革育人过程，走向名校；或者选择"特色带动优质"的模式，把特色办学作为改革的切入点，创造发展新格局。比如，江苏省苏州市第六中学建于 1940 年，在很长一段时间内，办学水平始终在中游徘徊。自 1992 年确立艺术特色办学之路以来，在特色办学的带动下，一所普通学校进入了上升的"快车道"，成为江苏省四星级高中和唯一一所省级艺术高中。近几年来，该校艺术班毕业生本科录取率始终保持在 90% 以上，还有不少学生进入清华大学、中央美院等一流大学。当然，学校的成就不止于多培养几名大学生，还在于从根本上找到了一条让学校进入快速良性发展的轨道。

（二）特色与多样化在一所学校内是否矛盾

"多样化"是群体特征，主要是对不同地区或区域内高中学校总体特征的描述；"特色"是个体特征，主要强调一所学校在发展策略及由之而形成的结果上的独特性。不同个体的独特性构成群体的多样性，一所学校通过育人过程的多样化也能在独特性内体现多样性。

多样化是对普通高中教育发展态势的整体布局，是对不同地区或者区域内高中教育总体特征的描述。地区之间和学校之间的差异性客观存在，通过分类指导，形成不同的点，把这些点串联起来形成多样化的局面是非常可能的。学生在这个格局中进行自主选择，多样性的需求就比较可能获得满足。比如，上海市长宁区在对区内每所高中学校的历史基础、办学理念和未来趋势进行研判的基础上，加强分类指导，形成了区域内高中多样化错位办学的整体布局。其辖区内上海市第三女子中学和上海市复旦中学各自都有着独特的百年历史文化积淀，二者分别高举女子高中教育特色和文化引领的人文特色；上海市延安中学坚持"数学为特色，科技体育为两翼"，十年磨一剑；上海市仙霞高级中学以信息技术教育为抓手，坚持 30 年，特色渐强；上海市天山中学坚持"为学生谋幸福"的思想，推进生命、生涯、生态"三生教育"，形成学校特色。显然，这种多样化是通过学校之间的差异性和独特性实现的。这就必然涉及学校的特色问题。

特色是学校个体的特征，主要描述一所学校发展策略的独特性及由之得到的发展结果的独特性。比如，北京师范大学附属实验中学坚持游泳特色办学。通过游泳这个项目，增强了学生的游泳技能和身体素质，并挖掘和培养了大量有潜质的运动健将。它的校游泳队代表中国参加了 2005 年在法国举行的欧洲青少年游泳锦标赛，摘得 32 块金牌中的 28 块。学校有多人入选国家队，已经培养出国家运动健将 9 名、国家一级运动员 30 名。对一所学校而言，追求特色是容易理解和便于操作的，所以学校更愿意接受特色发展的说法，也乐意接受政府和教育行政部门从多样化布局出发对学校提出的特色办学的要求。

从上面两个角度来看，政府的立场和学校的追求是不矛盾的，多样化和特色是可以共存的。矛盾的地方在哪里？主要是在一所学校内的多样化与特色问题上。多样化的根源不是政策要求，而是学生教育需求的多样化。不同区域和不同学校的学生有多样化的教育需求，同一所学校内的学生的教育需求也不尽相同。学校既要相对集中地聚焦某个领域特色发展，又要充分考虑如何做到多样化，以满足本校学生的不同需求。于是，矛盾和疑惑就形成了。

如何破解这个矛盾？思路之一是厘清特色办学策略与高中的基础教育本质之间的关系。办特色高中或者高中特色办学，只是高中发展策略的一种选择，不是要把高中学校硬逼成"专科预备学校"，它不应影响普通高中教育的本质属性和基本功能。一所普通高中，其特色发展模式可能是"基础＋特色"的模式，也可能是"基础渗透特色"的模式。但不管特色如何鲜明，它所承担的普通教育的内容是基本不变的，所以本质上还是基础教育。认准这一点，不管怎样办特色，即便是特色学校，其多样性的空间都是有的：一个空间来自特色自身，可以把学校特色领域细化，从而满足该特色领域内的不同学生的更具体的需求；另一个空间来自特色之外的基础性教育教学领域，包括基础型课程的变革、选择性课程的增加、学校管理的变革等。

（三）特色的单一性是否会与学生需求的多样性产生矛盾

通过细分一所特色学校的特色教育服务，满足特色领域内学生的多样性需求。或者，通过区域内制度创设，使得不同学校的特色教育服务可以让他校学生享受，促进多样性需求的满足。

一般而言，学校培育特色，通常是在常规办学基础上集中朝着某一个方向发展，比如艺术、体育、科技等。学校的特色发展，就是要努力创造某一个领域的卓越。这一领域集中反映学校的价值观体系，并能将价值观融入学校的生活方式、教学方式以及其他行为方式之中，从而成为促进师生成长的良好的、具有个性特征的生态环境。这种模式容易使学校成为一所有质量的特色学校，但是弊端也客观存在。当学校集中在某一个方面聚集资源、塑造品牌时，由于时间、资源和人力的限制，学校必然会在其他方面有所控制，很难做到多管齐下，这就产生了单一性与多样化的矛盾。而没有多样化的课程和丰富的学习经历，学生的多元需求就无法得到很好的满足。

笔者以为，学校从无特色到有特色，是一种进步，至少满足了学生在该特色领域的一些需求。特色显著和基础好的学校，可以通过对其特色领域的精细区分和供给，尽可能满足学生在该领域里的差异化需求。比如，有的艺术特色高中，对原有的美术和音乐两大领域进一步细分，从而尽可能地满足学生个性化的需求。当然，从实践层面来看，任何学校都无法满足学生的所有教育需求。一所学校，即便从一种特色到多元特色，也无法满足学生的多样化需求，何况从"一特"到"多特"的可能性并不大。因此，必须寻求一些新的制度和办法。解决的思路之一，是加强特色布局和相应的管理机制的创新。比如，在一个区域内，政府和教育行政部门加强学校特色布局，引导学校合理定位特色、差异培育特色，形成区域内多样化特色发展的格局。然后，在管理机制上，建立区域内学生跨校选修和学分认定制度，每一所学校都可能成为学生选课的下一站，使得学生在一定区域内获得自主选择的机会。上海的静安区、普陀区都推出了类似的做法。普陀区每周安排半天，让辖区内三所市级示范高中面向全区高中学生开放课堂，供学生自主选修。这种做法可以把单一的特色汇聚成整体特色，并通过供给制度的创新，尽可能地满足学生在一所学校内无法满足的需求。

（四）如何处理特色内涵中专门素养与通识能力之间的关系

学校提出的特色素养具有双重特征，既具有专业素养的属性，又具有通识能力的属性。特色素养中的专业素养是专业人士在职业发展中所必需的，特色素养中的通识素养是非专业人士在人生发展中所必需的。如生命科学素养中的专业素养显然是定位在自然科学的素养，包括科学的思维、研究的能力等。作为生命科学素养的通识素养则更加关注生活的、道德的、情感的、理智的和谐发展，注重对学生深层次的精神、理念的培育。其强调以人为本的理念，具有就医、健康、饮食、养生方面的知识，具有过上高品质生活的能力，以全新的视角去认识与感悟生命以及生活的本质。特色高中如何处理专业素养与通识素养之间的关系？这需要根据学校选择的特色的具体情况而定。如果学校选择的特色属于国家课程中的高考内容，如上海市天山中学的生命科学素养（因为生命科学素养是国家课程的要求，无论是否是特色高中，所有学生都要培养），那么作为特色高中特色的生命科学素养培育，就要超越自然科学范畴的生命科学素养的内涵，建立自然科学与人文融合的培育模式。有的学校选定的特色是高考特长生的考试科目，如美术特色。选择美术特色的学校，也存在不同的情况。如上海市紫竹园中学，全体学生都修习美术，未来都考入美术相关院校。对他们而言，学校特色课程应该突出培养美术的专业素养，为学生未来的职业发展奠定良好的根基。同样是美术特色高中，上海市枫泾中学的情况则不同。它并不是所有的学生都修习美术，学校的班级分为美术班和普通班。美术班学生将来从事美术相关职业，普通班学生不将美术作为职业发展方向。这类学校在创建特色的过程中，就要分两个层次考虑美术素养的培育问题：对美术班的学生，提供的特色课程是为专业素养向纵深方向发展服务的；对普通班的学生，则应该培养美术素养的通识能力部分。学校为普通班学生提供特色课程的目的应该是培养学生对美术的兴趣，为其提供丰富的美术相关课程体验，提升未来人生的品位，目标不是专业能力的提升。在创建特色的过程中，要防止将大学的专业培养任务作为特色高中的特色教育任务，歪曲特色高中创建的初衷。

综上，在特色高中创建过程中，特色定位准确是一个关键问题。学校要根据实际情况，设身处地地为学生的发展着想，为学生未来的人生发展奠基。特色定位不清楚，很容易在创建特色的过程中走偏。

（五）如何处理特色课程与原有课程体系的关系

为彰显学校的特色，学校须开发特色课程。从课程开发的主体上看，特色课程就是校本课程。众所周知，校本课程在学校课程体系中所占课时的比例非常有限，且在特色高中创建之前，每个学校都已经在有限的校本课程时间内安排了校本课程内容。因此，特色课程的创建过程不单纯是增加特色课程的问题，还包括对原有校本课程进行改造、重构，使之为特色育人目标服务。例如，北京外国语大学附属上海田园高级中学选择的特色是创意设计，为了培育特色，学校增加了创意设计的课程，同时对学校原有的一些校本课程进行了改造。如学校原有的 3D 打印、机器人课程，并未将设计能力作为课程目标，为了特色创建，实现培育学生创设能力的目标，学校将原有的 3D 打印课程重构为 3D 创意设计工作坊，将机器人课程重构为编程创意设计工作坊。学校原有的其他校本课程也都根据此思路，改造重组，使之更加凸显特色培育。学校课程体系中的国家课程几乎占了学校课程十之七八的比例。如果该部分对特色育人目标没有贡献，就很难支撑起特色的培育。因此，我们提倡在国家课程中渗透特色育人目标，如上海市第四中学创建商学特色高中，学校的融商课程就是学校梳理出的可以与商学内容融合的国家课程内容。将国家课程的部分课时用于特色教育，合理性何在？如何处理好国家课程的学时要求与特色渗透所需要的时间的关系？这些都是特色高中创建中必须要思考清楚的问题。我们的设想是，建设水平较高的特色高中，因为形成了特色文化，特色理念扎根于每个教师的心里，他们在实施国家课程时，就会有意识地使用与特色课程相关的内容去支持国家课程的学习。

综上，特色高中创建作为一种新兴的高中办学模式和高中发展战略，尚处于探索阶段。在探索过程中，要始终牢牢地把握住创建特色高中的初心，满足不同学生的差异化发展需求。从区域层面来看，不同高中选择不同的特色领域，形成区域性多样化办学的格局。从学校层面来看，学校选择的特色领域是单一的，但是仍需承担满足不同学生差异化发展需求的重任。因此，在特色高中内部，特色创建是分层次的，有面向全体的，以特色为载体开展的基础性教育，有面向特殊兴趣学生的差异性教育，也有面向特色领域拔尖人才培育的任务。

（六）特色的生长点来自学校、学科还是学生

特色高中的特色究竟是什么，在创建实践中有三种不同的理解。第一种是将特色理解为学校整体办学模式上的一种独特的教育优势，将办学理念、办学模式、学科教学、学校德育、课程开发与学校管理上的特色打造为特色高中的特色。如天津市的特色高中项目学校创建出的特色有融合教育，保证农民工子女更好地融入城市。南京市在创建特色高中时采用的也是这种理解。有的学校以小班化教学为追求，形成个性化教育特色。有的学校采用外国的课程，参加外国

的考试，也被看作一种特色教育。第二种是将特色理解为学科优势。广西壮族自治区的特色高中创建是这种模式。在创建办学特色的早期，广西壮族自治区有90%的高中都是把体、音、美作为自己的办学特色。随着时间的推移已经发展到语、数、外，政、史、地和理、化、生各个学科。第三种是将特色理解为学校为学生提供的特殊素养培育。如上海市在创建特色高中的过程中涌现出的商学特色、法学特色与创意美术特色等分别指向金融素养培育、法政素养培育、艺术素养培育。深圳也是这种立场。从这个角度看，与英国特色学校的创建立场相同。英国的特色包括艺术特色、贸易与企业特色、工程特色、语言特色、城市技术特色、计算机特色、运动特色、科学特色等。可见上海在特色创建过程中选择的依据是学生的特殊素养。

究竟选择哪一种特色生长点是合理的？存在即合理，无论是哪一种类型，都是在向办学多样化迈进，只要指向学生的差异化发展需求，都是合理的。

第三章

整体设计特色高中建设的范式

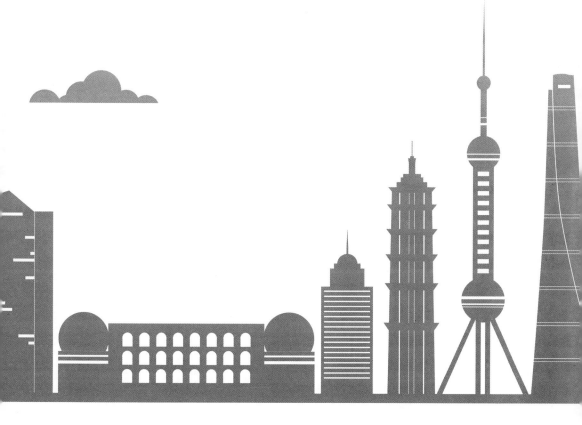

美国科学哲学家托马斯·库恩认为，范式就是一种公认的模型或模式。通过归纳范式相关理论，不难总结出，范式由基本定律、理论、应用等构成一个整体，它在一定程度上具有公认性，它还可以提供可模仿的成功先例。虽然特色高中在创建过程中因学校选择的特色领域不同，其相应的认识系统与建设行动也可能有所不同，但这并不意味着创建学校可以随心所欲。事实上，特色高中要守定基础教育的属性、坚持培养全面而有个性发展的人的价值取向、立足国家课程、面向多种对象、满足不同需求。这既是特色高中创建的价值基础，也是创建的行动共识，任何一所创建特色的普通高中都不例外。结合理论研究和实践总结，上海在特色高中创建中提炼和实践了触点集成的建设范式。相比较而言，特色普通高中创建的类型则是侧重对其路径的描述和分类，从而从整体上呈现出普通高中学校多样化特色发展的战略选择和行动取向。

第一节　高中特色发展已有的类型样态

从 2012 年项目启动以来，上海市共有 60 所特色普通高中创建项目学校，截至 2022 年 6 月，全市已有 17 所项目学校被市教委授牌命名为上海市特色普通高中。从各项目学校特色创建的实践经验来看，主要有下面一些类型最具典型的代表性。[①]

一、附属大学，特色承接型

这类学校主要采取改变学校身份，成为大学附属学校的做法，争取到大学优势专业资源的辐射与支持，突出与大学专业方向基本一致的教育特色。在已授牌命名的学校中，上海戏剧学院附属中学、上海海事大学附属北蔡高级中学、华东政法大学附属中学、上海音乐学院附属安师实验中学、上海理工大学附属中学就是这种类型成功实践的典型。它们分别依托大学从特色课程的引入或开发到特色课程的示范教学以及学生研究课题的指导等强而有力的专业支持，在此过程中建立起比较系统的特色课程群和比较有特色的教学方式方法，由此锻炼成长起来一批特色课程师资队伍，进而激活学校整体的课程教学，明显改变了学校原有的教育生态。这些学校最终通过评估验收，成为上海市戏剧文化教育、航海文化教育、法治文化教育、音乐美育和科技创新教育的特色普通高中，同时这些特色普通高中也成为这些大学优质的生源基地。

[①] 胡庆芳.特色普通高中建设的上海行动透视［J］.基础教育课程，2018（21）：20-25.

二、资源联盟，特色集成型

这类学校往往是充分利用校内外一切有利的教育资源，以协作联盟或共同体的纽带关系，同与学校特色定位相关联的专门机构或团体结成联盟或合作共同体，促使特色资源汇聚形成特色教育的合力，从而成就学校教育的特色品牌。在 60 所项目学校中，华东师范大学附属东昌中学就不仅是附属大学，它更是积极主动与位于陆家嘴金融贸易中心板块的多家银行、证券交易所、基金管理公司、金融城发展局、期货博物馆以及金融博物馆等 20 余家机构结成"东昌中学学生金融素养培育区域性联动组织"，简称"东昌金联"，大大充实了学校金融专业的教师指导队伍，也大大拓展了学校金融特色培育的空间。与此同时，在联盟成员单位的支持下学校建成了世界货币展示厅、虚拟投资交易所以及银行资金流动模拟操作台等情景学习空间。

同样，上海市罗店中学位于市区北郊，为了支持本校多元艺术教育的特色建设，学校积极与上海大学上海美术学院、上海师范大学美术学院、宝山区陶行知纪念馆、中华艺术馆、罗店古镇文化中心以及上海历史博物馆等结成教育协作体，有力支撑了学校多元艺术特色的学生培育。

三、植根传统，基因传承型

这类学校在特色定位过程中，主要是仔细梳理学校发展的历程，从中发现薪火相传的教育文化基因，坚持并将其发扬光大，使之成为学校内生的特色优势。在已授牌命名的学校中，上海市徐汇中学就具有很强的代表性。这所始建于西学东渐时期具有 170 多年历史的学校，历史文化特别厚重。学校团队在梳理历史发展脉络中发现，学校在建校之初就有物理、化学和生物学科的实验室，推行实验教学，加强动手与动脑相结合，于是在此基础上因势利导地提出学校科创特色的发展定位。学校拥有动车调度与驾驶轨道交通实验室、波音 787 模拟飞行控制中心以及生命科学创新实验中心等先进的设施设备，是徐汇区也是上海市高中学校工程素养培育的高地。

上海市奉贤区的曙光中学创立于白色恐怖笼罩的大革命时代，革命志士李主一和刘晓等当时根据上级组织要求创建曙光中学，并建立起了中共奉贤第一个党支部，提出了"布置洪炉铸少年"的办学理念，组织"读书会"等进步团体，引导青年接触共产主义，领导奉贤党的地下斗争。可见曙光中学是一所红色精神文化深厚的学校。学校乘上海市特色普通高中创建的东风，秉承学校优秀文化传统，根植以红色精神文化为底色的上海地域文化，对接中学生核心素养培育要求，提出了"传承红色精神，培育时代新人"的特色育人目标，并借助丰厚的在地文化教育资源开发建设成了红色精神文化教育"旗帜"（AFLAG）课程群，形式多样又扎实深入地开展起红色精神文化教育实践，现已成为奉贤区乃至上海市红色精神文化教育的示范基地。

四、发掘优势，学科做强型

这类学校在特色定位过程中，也是从学校自身情况出发，密切关注学校的优势学科，以一门或者几门优势学科为主，聚合形成学校教育特色，进一步做大做强，从而彰显独特优势。在已授牌命名的学校中，上海市崇明区城桥中学就是一个很典型的例子。学校地处崇明区，生源条件长期处于比较弱势的地位，但学校积极发展较具优势的美术学科，让学生爱画画、学画画、参加画画比赛，从中体验学习的快乐、自信和成就感，良好的学习情感反过来又很好地促进了学生其他学科的学习，从而使该学校以进校全市比较垫底的生源实现了高考明显超越同类学校的佳绩。学校在美术特色成功实践的基础上还进一步拓展至"艺体科融合，适性育人"，近年来取得的办学业绩赢得了兄弟学校、学生家长和社会的良好口碑。

上海市甘泉外国语中学早在 20 世纪 70 年代就在普通高中学校开启日语教学的先河，并在 20 世纪 90 年代成功建立起日语班的高中毕业生经由校长推荐赴日本大学留学攻读本科的深造通道。到 21 世纪初，全校的日语班已达 27 个，在读学生 1100 人，持有日本文部省颁发的日语能力一级证书的专任教师达到 16 位。甘泉外国语中学成为上海乃至全国都颇具实力的日语教育学校。面对 21 世纪一专多能、一专多语的复合型人才越来越受到社会发展的需要的趋势，学校顺势而为，由此开启了"日语见长、多语发展、跨文化理解教育"的特色普通高中创建之路。因为之前的厚实积淀，学校特色创建过程卓有成效，顺利成为上海市第二批特色普通高中授牌命名学校。

华东师范大学附属枫泾中学是一所具有70多年办学历史的老学校，美术教学一直是学校的传统特色，多年来培养出众多参加艺考的高考考生并成功进入高等院校精进深造。学校在美术优势学科的基础上不断丰富和拓展形成了学校综合美育课程群，并以此实施大艺术教育，让学生成为在审美素养方面有明显优势的合格公民。学校为此还提出了"八美并进，全面发展"的办学思路，把特色教育的落脚点放在学生主体全方位地不断实践体验上："欣赏他人的美，创建自己的美；感受自然的美，营造人文的美；体验艺术的美，塑造人格的美；探索科学的美，成就人生的美"。努力走一条由美术而美育，由美育而"美善相谐、美真互融"育人的特色发展之路。

五、前瞻思考，把握趋势型

这类学校在特色定位过程中，主要是从社会的发展变化以及对人才的需求角度进行前瞻性的分析思考和预测判断，从而锁定未来人才必备的关键能力或特色素养，从而未雨绸缪地开启探索培育之旅，以抢得学校发展的先机和特色培育的制高点。在已授牌命名的学校中，上海市曹杨中学就是一个实践典型。学校敏锐洞察到随着科技日新月异的发展以及城市化进程的不断加快，环境问题会变得越来越突出，人与环境的和谐共处将变得越来越重要。因此，学校以环境素养的培育为切入口，整合学校的人文教育、加强学校的科技教育、提升学校的心理健康教育，提出了培养"大视野、宽领域、明责任、敢担当、善思辨、会创造、懂自律、能力行的都市文明人"的特色办学主张，成为上海市第一所成功授牌命名的特色普通高中学校。

北京外国语大学附属上海田园高级中学敏锐地关注到我国从"十一五"发展规划就明确提出将文化创意产业作为新兴服务业着力发展，国务院总理李克强

2014 年 9 月在夏季达沃斯论坛上郑重提出"大众创业、万众创新"的构想。2016 年和 2017 年，上海市人民政府先后出台了《上海市文化创意产业发展三年行动计划（2016—2018 年）》和《关于加快本市文化创意产业创新发展的若干意见》（简称"上海文创 50 条"），文化创意产业成为上海市经济发展的支柱性产业之一，并要求上海的教育主动融入国家发展战略和上海重大实践，准确把握文创产业发展的正确方向，培养创新型文化产业创意人才。田园高级中学因势利导，在之前以美术优势学科支撑美育探索的基础上，进一步确立了以"美育引领，创意发展"为特色的发展方向，突出学生"文创素养"的卓越培育。这种"文创素养"融人文底蕴、科学精神、审美情趣、创意品质、设计能力和社会情怀于一体，成为学生核心素养培育的重要组成部分，体现并实现了全面育人和特色育人的有机融合，以及学生全面发展与个性发展的有机统一。

上述任何一种特色创建的类型，都是普通高中学校主动发展的意愿驱动以及针对现实困境的自觉突围。特色的选择与定位必须要与学校的文化传统相吻合、与学校的自身优势或发展潜力相适应、与社会经济文化发展的趋势相融合，同时还需要得到广大师生以及家长和社会的认同、理解和支持，由此方能在特色建设上取得预期的成效。

第二节　触点集成范式的建构与行动

基于上海特色高中建设的经验与研究成果，上海创造性地提出了触点集成建设范式。该范式主张学校以特色为触点，进行办学育人要素的系统规划、集成实施，开展牵一发而动全身的整体改革。该范式以富含特色的育人目标为聚焦点，以系统化课程为主轴，课堂教学、社团活动、教师培养、资源建设、学校评价与之关联，全校基于特色育人的战略目标做到整体集成式设计和系统化实践。这符合现代学校建设的趋势和要求，为新时代学校高质量发展提供了新的范式借鉴。

一、触点集成建设范式的理论依据

触点集成建设范式的提出既是基于学校变革实践的经验提炼，也是基于将学校作为一个社会系统对其变革模式的一种基于系统论视角的理性思考。

系统论是研究系统的一般模式、结构、性质和规律的理论。[1] 系统思想源远流长，但作为一门学科的系统论，是由生物学家和哲学家贝塔朗菲创立的。他认为，系统可以定义为相互作用着的若干要素的复合体。[2] 系统论的诞生源于生物学研究，在继运用于自然生态系统分析之后，系统论又不断拓展并应用于非生态现象，包括

---

[1] 中国社会科学院语言研究所词典编辑室.现代汉语词典［M］.北京：商务印务馆，2016：1408.

[2] 冯·贝塔朗菲.一般系统论：基础、发展和应用［M］.林康义，魏宏森，译.北京：清华大学出版社，1987：51.

宇宙系统、生命系统、精神系统以及社会系统等。关于社会系统，系统论认为，社会系统具有层次性，主要包括宏观（层次）系统、中观（层次）系统、社会具体子系统以及社会微观（层次）子系统。① 中小学校属于社会微观（层次）子系统。

由于根据学科划分而被片段化了的知识占据优势，常常使人不善于进行部分和整体之间的连接工作。② 这导致长期以来，许多学校在转型性变革过程中经常以割裂式的思维分析问题，习以为常地以"找到问题并消除问题"这种简单的线性思维解决问题。然而社会系统是一种开放的复杂系统，具有极大的不确定性。学校作为社会微观层次的子系统，同样具有复杂性和不确定性的特征。如果你希望了解一个系统，并进而能够预测它的行为，那么，就非常有必要将系统作为一个整体来研究。③ 实践表明，学校变革是系统的变革，需要经历一个长期的、复杂的和非线性的过程。"触点集成建设范式"本质上是基于系统论视角来考察和认识学校变革与发展过程中的各种现象，将促进学校发展的某个"点"放置于学校系统这一"整体"中，并与构成学校系统的其他要素相互关联，从而更好地理解和把握学校系统中问题发生、发展和转化的机制，开展"牵一发而动全身"的学校整体改革。

贝塔朗菲认为，复杂现象大于因果链的独立属性和简单总和。解释这些现象不仅要通过它们的组成部分，而且要估计它们之间的联系的总和。有联系事物的总和，可以看作具有特殊的整体水平的功能和属性的系统。④ 当我们从系统论视角来审视学校时，就会发现学校系统实际上是一个多因素、多层次、多功能的复杂系统。因此，只有在把握学校系统基本特征的基础上，才能够基于"触点集成建设范式"，为学校变革提出更加有效的实现路径。有研究者从社会系统观出发，提出了社会系统的整体性、结构性、层次性和协同性等特征。⑤ 系统的层次性犹如俄罗斯

① 魏宏森，曾国屏.系统论——系统科学哲学［M］.北京：清华大学出版社，1995：183-184.
② 埃德加·莫兰.复杂性理论与教育问题［M］.陈一壮，译.北京：北京大学出版社，2014：7.
③ 丹尼斯·舍伍德.系统思考［M］.邱昭良，等译.北京：机械工业出版社，2018：3.
④ 魏宏森，曾国屏.系统论——系统科学哲学［M］.北京：清华大学出版社，1995：81.
⑤ 刘永振，傅平.社会系统观及其特征［J］.延边大学学报（社会科学版），1987（Z1）：50-64.

套娃。一个系统被称为系统，实际上只是相对于它的子系统（即要素）而言的，而它自身则是上级系统的子系统（即要素）。因此，关于系统的层次性，一个最直接的结论是，系统和要素、高层系统和低层系统具有相对性。[①]学校属于系统论关注的五大系统中的社会系统，又是社会系统中的社会微观（层次）子系统。从系统论视角出发，在"触点集成建设范式"中将学校视作一个社会系统中的要素，或者说一个独立的社会子系统展开研究，其层次性并非关注的重点。基于此，可从系统的整体性、结构性和协同性等方面来探讨学校触点集成建设的合理性。

（一）系统的整体性决定学校变革需要系统规划

系统论的核心思想是系统的整体观念。社会系统是由各要素构成的，把各要素从社会系统中分离出来，它就不再具有要素在系统中原本的状态和功能，同时缺少了各要素，也就没有了社会系统这一整体。由此可见，学校系统的整体性是指学校各构成要素之间相互联系、相互制约，形成一个不可分割的有机体。系统具有整体性，才有系统的整体变化，才有系统的整体突变，否则系统就仅仅具有量变，仅仅具有逐一发生的系统要素的渐变。[②]系统思考的精髓是，处理真实世界中复杂问题的最佳方式就是用整体的观点观察周围的事物。只有拓宽视野，才能避免"竖井"式思维和组织"近视"这一对孪生并发症的危害——前者的危害经常表现为，对一个问题的补救只是简单地将问题从"这里"转移到了"那里"；后者的危害则通常表现为，对"现在"一个问题的补救只会导致"未来"一个更大的需要补救的问题。[③]通俗地讲，就是顾此失彼、按下葫芦起了瓢。系统思考是一个思考框架，用它来观察的是相互作用的关联，而不是各个分立的东西。[④]因此，基于"触点集成建设范式"的学校变革要求我们，尽管在实践中学校系统可以划分为课程建设、课堂教学、教师培养、资源建设以及学校评价等不同要素，但在推进学校变革的过程中需要从整体上系统地谋划，聚焦学校育人目

① 魏宏森，曾国屏. 系统论——系统科学哲学［M］. 北京：清华大学出版社，1995：214.
② 魏宏森，曾国屏. 系统论——系统科学哲学［M］. 北京：清华大学出版社，1995：204.
③ 丹尼斯·舍伍德. 系统思考［M］. 邱昭良，等译. 北京：机械工业出版社，2018：1.
④ 彼得·圣吉. 第五项修炼：学习型组织的艺术与实践［M］. 张成林，译. 北京：中信出版集团，2018：77.

标，将构成学校的不同要素与育人目标关联起来整体设计，而不是只抓其中一点，不及其余。要做到对学校发展的系统谋划，"校长需要将整体意识渗透到具体工作之中，密切关注整体层面的基本问题、核心问题，不因各类纷繁的学校工作而丢弃整体；也不因外部整体背景的影响而丢弃自己作为'部分'的独特"[1]。

（二）系统的结构性决定学校变革需要找准触点

系统的整体性回答了系统是由什么组成的，以及系统整体与其构成要素之间的关系。亚里士多德的"整体大于部分之和"的名言也被系统论研究者经常引用以说明系统的整体性。而为什么"整体大于部分之和"则要从系统的结构性角度进行回答。社会结构观在于从社会系统各组成要素间的搭配和耦合方式的角度来说明，正是结构提供了整体不等于部分的"堆积"和"总和"的新的东西。[2]"整体大于部分之和"也说明，系统的要素之间并不是简单的叠加关系，而是基于某种结构形成一种"有机体"并产生了"整体大于部分之和"的效应。因此，系统的结构性是指构成系统的要素按照一定规律组合在一起，各个要素之间存在着因果关系链，一个要素的变化必然会影响到另一个要素。有研究者认为，学校系统的整体主要表现为两种状况：第一，学校发展要素具有统一演化的过程，这种统一性包容了各要素之间的差异，为学校特色品牌的形成和发展提供了空间和平台；第二，学校发展某一要素的变化会引起其他要素的变化，所谓"牵一发动全身"，各个要素都有可能对学校发展整体产生影响和作用。[3]从系统性视角来看，这实际上也说明，整体性之外，学校系统同样具有结构性。实践中，学校的整体性变革往往能够牵动全局，但由此也带来一个问题：由于变革过度复杂，人力物力过于分散，甚至过程中有些力量相互抵消，往往导致变革很难取得切实的成效。正如一直从事教育变革研究的加拿大当代著名教育家迈克尔·富兰所说的，改革的努力走向失败有两个基本原因：一是问题复杂和难以对付，很难想出可行的强有力的解决办法，要付诸实施就更难了；另一个原因是所采用的

① 李政涛．校长思维方式的转型与变革［J］．中小学管理，2012（05）：4-7.

② 刘永振，傅平．社会系统观及其特征［J］．延边大学学报（社会科学版），1987（Z1）：50-64.

③ 陈如平．"整体建构"：学校改进的实践模式［J］．中小学管理，2015（04）：18-20.

办法并没有集中用在真正起作用的地方。[1] 因此，基于"触点集成建设范式"的学校变革，需要学校在变革中找准"小切口下做大文章"的触点或突破口，从大局着眼、细处入手，而"不是为了改进学校教育而提出的一连串似乎没有止境的变革，实际上恰恰是变革不断失败的原因之一"[2]。

（三）系统的协同性决定学校变革需要集成实施

系统的结构性说明，"系统"是一群相互连接的实体，而不是没有相互连接的、同样由很多实体构成的"堆"。[3] 这种"相互连接"并非处于无序的状态，构成系统的各要素（实体）从不同角度、不同侧面相互协调，有序地推动系统发展，体现出系统的协同性。协同学认为，系统性质的改变是由系统中的要素——子系统之间的相互作用所致。任何系统的子系统都有两种运动趋向：一种是自发地倾向无规无序的运动，这是系统瓦解走向无序的重要原因；另一种是子系统之间的关联引起的协调、合作运动，这是系统自发走向有序的重要原因。系统是自发地发生从无序到有序还是从有序到无序，就取决于其中哪一种运动趋势占据主导地位。[4]

学校发展本质上是一个协同的过程，它以学校发展的共同愿景作为构成学校系统各要素发展的指向，从而形成合力。传统上，组织机构试图通过划分部门来克服广泛的决策影响所带来的困难，并通过建立功能性等级结构使工作易于上手。然而，功能的划分演变为"诸侯割据"，曾为了分工方便而进行的劳动划分，演变为"火炉管道"，切断了各功能部门之间的联系。结果是：对公司最重要的、跨越功能界限的复杂问题的分析，竟然成为一种危险的或者根本无从下手的操练。[5] 因此，找准"小切口下做大文章"的触点，并不是只抓其中一点，不及其余，或者将构成学校系统的各要素看作孤立的存在，将学校的整体发展当成是

[1] 迈克尔·富兰.变革的力量——透视教育改革［M］.北京：教育科学出版社，2004：59.
[2] 吉纳·E.霍尔，雪莱·M.霍德.实施变革：模式、原则与困境［M］.吴晓玲，译.杭州：浙江教育出版社，2004：37.
[3] 丹尼斯·舍伍德.系统思考［M］.邱昭良，等译.北京：机械工业出版社，2018：3.
[4] 魏宏森，曾国屏.系统论——系统科学哲学［M］.北京：清华大学出版社，1995：81.
[5] 彼得·圣吉.第五项修炼：学习型组织的艺术与实践［M］.张成林，译.北京：中信出版集团，2018：28.

"拼图游戏"，而是以触点为突破点，牵一发而动全身。

社会协同观是积极的主动的。它要求我们必须发挥主体的协同作用，必须不断地克服无序因素，不断地前进。[①] 实践中，学校系统的协同性主要表现为学校系统各要素具有发展和转化的一致性，即学校系统中某一要素的变化必然引发其他要素的变化。因此，基于"触点集成建设范式"的学校变革，不是将改革聚焦于某一特定要素，等待系统其他各要素自发地、无规无序地运动，而是要主动作为，统筹规划学校系统各要素，使之走向协调、合作运动，从而使学校变革走向有序。

二、触点集成建设范式的核心要素与行动抓手

（一）编制一体多翼集成式规划

尽管高中特色办学广为实践，但是已有的特色办学多偏重升学导向、特定对象、技能取向，普遍缺乏从学生全面而有个性发展、学校整体发展立意上的探索。特色高中建设是转变育人方式、创新办学的新探索，需要整体设计和实施，不是举一个特色标语、开几门特色课程、办几场特色活动所能诠释的。

发展规划是学校顶层设计的直接载体和体现。特色高中建设该怎样规划？对此，本书建构了一体多翼集成式规划方案。该规划方案以学校的育人目标、课程为体，以教学、教师、活动、资源和评价为翼，各要素有机集成。其中，育人目标是灵魂、课程是核心依托、评价是撬动工具、其他育人要素是重要支撑，全校基于特色育人的战略目标做到整体集成式设计和系统化实践。

图1　一体多翼集成式规划技术路线图

① 刘永振，傅平.社会系统观及其特征［J］.延边大学学报（社会科学版），1987（Z1）：50-64.

（二）搭建奠基、提趣、扬长的金字塔式课程架构

普通高中开展特色教育，从基础教育属性上看它是有特色的基础教育，从特色教育特性上看它是重基础的特色教育。这就对课程系统构建提出了特别的要求，要直面三个基本问题：（1）课程如何呼应育人目标以保持从育人顶层到实践层的一致性？（2）课程如何涵盖不同类型并体现奠基、拓展和拔高功能？（3）特色课程如何进入学校整体课程体系并成为其有机组成部分？

针对这些问题，本书提出了金字塔式建构模型。特色高中以高质量实施国家课程为本体，坚持特色教育融入必修课程宽基础、嵌入选择性必修课程提兴趣、增强于选修课程扬特长的课程发展思路，建立富含特色的总体课程框架，使得特色教育相关课程和内容能做到面向全体学生、分类应答部分学生、着重关注个体和少数学生的结合，满足学生基础性、发展性和提高性学习需求，实现奠基、提趣、扬长的结合。

（三）实施融合互促的教学

普通课程教育与特色课程教育应融合互促，即在国家课程教学中渗透特色教育，拓宽特色教育的载体；将特色课程实施经验迁移到学校整体教学中，为国家课程高质量实施提供新思路和新举措。在特色课程融合渗透于国家课程的过程中，找到一条落实培育学生核心素养、助推课堂教学改革的新路径。一方面，上海推动项目学校开发出国家课程各学科与特色教育的系列结合点，并制定了学校整体实施意见和分学科的实施指南。另一方面，借鉴特色课程实施经验，打造助力国家课程高质量实施的课堂教学新样态，如戏剧式教学、"艺味"课堂、SAIL 课堂（航海教育特色高中开发）等。

上海戏剧学院附属高级中学是戏剧教育特色高中，学校借鉴戏剧教学方式，以表演教学的思想改革教学，突出学生在参与、体验中加强对学科知识的感悟，在角色扮演、音乐渲染等情境教学中激发学生的想象力、创造力，学校各科课堂充满浓浓的戏剧味。上海市罗店中学以美育为特色，建构了体现艺术味道的"艺味"课堂。在罗店中学教师眼里，国家课程是严谨的，也可以是"艺味"的，学科中隐藏着自然美、社会美、科学美、艺术美，课堂中的美无处不在。

表1　上海市罗店中学"艺味"课堂教学评价表

一级指标	二级指标	评估要素
课堂设计	教学目标预设（15分）	美育目标明确、适当，符合新课标和新教材的要求
		结合学生已有的经验和最近发展区整体预设
		将美育与学科核心素养融合，培养全面发展的人才
	课堂结构规划（15分）	教学环节安排合理、过渡自然流畅，具有美感
		课堂结构严谨有序，体现"教、学、评"一体化，充满艺术性
		因材施教，促使每一位学生的美育素养得到差异化、个性化提升
课堂呈现	教学内容选择（10分）	教学内容安排系统、科学、准确，融入美育元素
		教学内容具有艺术性，符合学生的欣赏和品味能力
		内容具有启发性，能够激发学生对科学和真理的美好追求
	教师素养展示（10分）	教师举止大方、自然、得体，给人舒适感
		板书字迹工整、简明扼要、突出重点、布局美观
		语言准确生动、教态亲切自然，富有艺术性和感染力
课堂体验	教学方法选择（15分）	充分利用现代信息技术挖掘学科美育元素
		强调"学生主体"的教学方式，引导学生深入课堂认识和体验学科之美
		重视问题驱动和学法引导，培养学生感悟美和欣赏美的能力
	教学过程呈现（20分）	情景带入感受美，激发学习兴趣
		教师讲授内容准确，语言生动活泼，学生认真倾听，积极参与，敢于提出不同意见
		学生活动丰富，深入思考，探究有效，多种形式让学生鉴赏美
		设问类型多样、有梯度，富有层次感
		评价形式活泼多样，具有艺术性
	教学效果评价（15分）	教学效率高，学生思维活跃，能够认识美并形成正确的审美观
		学生学得轻松愉快，获得了丰富的美感体验，实现热爱美、欣赏美，培养心灵美
		富有价值的问题情境及探究讨论，深化美感教学，实现追求美、创造美

（四）"两结合"式打造师资队伍

特色高中的特色教育要立足国家课程充分融合渗透，又要开发校本特色课程与活动来拔高提升，从而满足多种需求、面向不同学生。这种定位和需求对教师队伍的多样性、专业性提出了新的要求，而当前基础教育教师人事和编制管理政策客观上难以支持这种需求。学校总体上不可能聚焦某一类教师大量扩编；同时，在学科本位以及由此建构的职称序列总体尚难以根本改变的情况下，很难动员充足的学科教师换科从教。这使得高中特色创建在师资上面临量与质的双重挑战。支撑特色通识教育的教师基数如何足够庞大，引领特色拔尖教育的教师团队如何足够精尖，这是师资队伍建设要直面的两大任务。对此，上海的探索是建立"专兼群结合、校内外结合"的建设机制。特色建设学校，教师队伍由校内专职、校外兼职和校内其他学科教师广泛关联组成。该种机制扩充了教师队伍，支撑了不同类型的课程实施要求。如图 2 为上海市闵行第三中学的特色教师梯队构成情况。

图2　上海市闵行第三中学特色教师梯队构成情况

（五）"需求为本，机制为要"开发特色建设资源

任何教育都离不开充裕的资源支撑，特色高中创建尤其需要丰富的资源。特色高中在课程、教学和学生活动上较传统普通高中而言，应该显示出独特性和差异性。然而，普通高中存在长期同质化办学的积弊，资源配置大同小异，学校现有的资源基础不足以支撑特色课程教学活动高质量实施的需求。要解决这个问题，政府的专项支持不可或缺，学校自身发挥能动性和主动性，创新资源建设

的思路和机制，也值得倡导。上海市在推动特色高中建设的过程中，大力支持学校基于自身特色创建特色实验室，解决了学校的资源缺口；更为重要的是，学校发挥创造力，确立了"需求为本，机制为要"的资源开发建设的思路和行动，立足特色教育的目标和课程实施需求，以此为本，开门办特色，通过机制、联盟等纽带建设，建立与校外特色相关的机构、团体的稳定合作，将引进来和走出去相结合，实现对校外教育资源的常态化、序列化利用。"需求为本，机制为要"的总策略及其实践，开拓了资源来源，丰富了资源供给，增加了学习平台和基地，加深了校内外的联合，促进了课内外的互动。

（六）激发内生与外驱协同的建设动力

学校创建特色高中的动力从哪儿来？怎么持久？这是推动特色高中建设的重要课题。上海在这一轮特色高中创建中，强调百花齐放，特色建设不与高考升学硬挂钩，事实上就60所项目学校的特色领域来看，只有音、体、美三科相关的特色与高考关系密切，其他都是与高考"软脱钩"的。在高考升学依然是学校的名片和硬通货的背景下，这种选择何以持久？如何让创建学校在起步时有明确的变革方向感、在创建过程中有充分的获得感、在创建结果上有丰厚的成就感？这是要着力破解的问题。

事物的发展变化是内因与外因共同作用的结果。学校创建特色高中的动力生产和维持，也需要内外兼修。上海主要采取了以下措施。

第一，加强外塑指标的引动。开发了特色建设和评估两类指标，让学校有方向、明抓手。第二，学校自评助动。引导学校开发校本化特色学习自评自检工具，做好自我体检、自开处方、自我治疗（见表2）。第三，公共政策保动。上海研制出台了两份政府支持型政策文件，对创建中的学校和命名后的学校均明确予以支持，增强学校的获得感与成就感。第四，非常注重将外部力量转化成内部动力。上海理工大学、上海海事大学对其附属中学在创建上海市特色高中的过程中给予大量专业支持，上海理工大学甚至对进入其附属中学指导或授课的教授认定工作量，创造渠道让学生到大学实验室做实验……如此的外部支持不断强化学校内部的动力，助推学校克服创建过程中的难题。

表 2 上海市曹杨中学环境素养培育课堂学习评价表

姓名　　　　年级　　　　学号　　　　课程名称

阶段	评价指标	评价等级和标准				评价结果
		不合格	合格	良	优	
学习准备	资料查询	没有进行资料查询，或者查询内容与课题主题不符	查询了相关资料，内容能反映与课题相关的信息，但不够全面	查询了相关资料，内容全面，对课题探究有一定的价值	查询了相关资料，并对资料进行了分析、甄别和梳理，能为课题探究提供有价值的材料	
	学习动机	被动、没有参与意识	愿意参与，并有积极准备的意愿	对课题感兴趣，积极进行准备	课程动机基于道德判断和对科学的探究，积极进行各方面的准备	
学习过程	预判与设想	没有预判与应对设想	对探究行为可能产生的环境影响，安全问题、探究结果有初步的常识性预判与设想	通过资料查询对探究行为可能产生的环境影响，安全问题，探究结果应对设想	通过两种及以上的科学研究方法对探究行为可能产生的环境影响，安全问题，探究结果进行了预判与应对设想	
	自主选择能力	对探究内容、方式等没有选择的意愿和能力	能够进行选择，但不够合理	能够根据需要，通过协商、调整，做出一定的选择	能够综合各方面因素，做出有利于研究活动开展的合理选择	
	操作技能	操作技能差，出现较多不规范的操作行为	能按操作要求比较规范地进行操作	能按操作要求规范地操作	操作规范、熟练、灵巧	

（续表）

阶段	评价指标	评价等级和标准				评价结果
		不合格	合格	良	优	
学习过程	设计/创新能力	不能进行自主设计／没有明显的意识或示出创新能力	能够进行设计，但不够合理／有一定创新设计	设计较好、合理可行／有可行的创新设计	设计合理可行、有亮点／创新设计有亮点且可行	
	反思修正能力	不能发现问题进行反思	能发现问题，有一定的反思能力，但不能很好地修正	有反思意识，能发现问题，并能进行较好的修正	反思意识较强，能敏锐地发现问题，提出建议，及时修正完善	
	团队合作意识	没有团队合作意识	有团队意识，但合作不够有效	团队意识较强，能开展合作	团队意识较强，能有效开展合作，并展现出较好的领导才能	
成果呈现	内容	没有成果，或在内容、形式、结论上有较多错误或存在抄袭现象	内容正确，但不够全面	内容正确、全面，体现了较强的实践能力	内容正确、全面，与主题匹配，体现了较强的实践能力和创新能力	
	形式		形式合理，但不够新颖	形式多样，比较新颖	形式多样、新颖、独特	
	结论		结论正确，但应用性不够	结论科学，有一定的实用和推广价值	科学、实用，具有很好的推广价值	

总体评价结果：

第四章

建构全面而有个性育人的课程体系

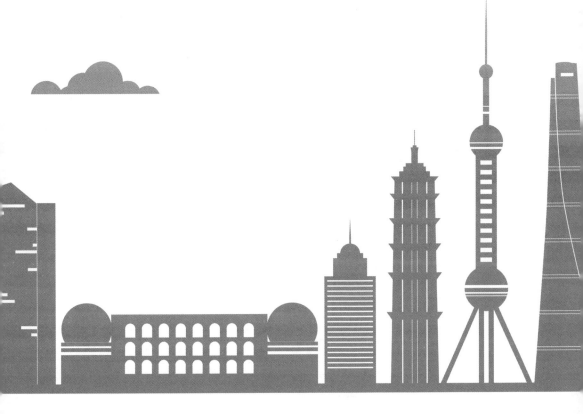

普通高中开展特色教育，从基础教育属性上看它是有特色的基础教育，从特色教育特性上看它是重基础的特色教育。这就对课程系统构建提出了特别要求，要直面三个基本问题：课程如何呼应育人目标以保持从育人顶层到实践层的一致性？课程如何涵盖不同类型并体现奠基、拓展和拔高的功能？特色课程如何进入学校整体课程体系并成为其有机组成部分？上海对这些问题首先从理论上加以剖析，提出了"本—道—术—原"的课程建设逻辑，并建构了基本的课程模型。

第一节 课程建构的思维逻辑 [①]

课程是育人的根本,聚焦课程自然就可以抓住特色办学的核心。学校的不同做法凸显了特色办学中课程实践的丰富性。但是,同时也应予以思考:特色高中与课程之间的基本关系是什么?建设特色高中的课程之路通向何方?该怎样走?上海结合地区和学校的探索,提出"本—道—术—原"的课程建设逻辑。特色教育、特色高中建设是着眼办学改革,更是着眼育人培养模式变革的创新之举,故以特色办学撬动育人模式转型,此为"本"。课程是办学之托、育人之蓝本,课程之于特色高中建设,既是内容又是手段,须用课程打开特色办学之门,此为"道"。特色课程的内容丰富、结构恰当、边界分明、层次清晰,自成一体,形成闭环,组成小群;同时,特色课程纳入学校的整体课程体系内,以渗透、补充、单列的方式与普通高中国家课程形成组合,形成大群;因而以融分结合,统领特色课程建设之策,此为"术"。特色教育的价值归根结底在育人,培育人的基础素养和"专门"能力,最终以育人为本,定位特色课程融分之要,此为"原"。

一、立本:以特色办学撬动育人模式转型

育人模式的基本构成要素主要包含育人目标、育人素材、育人方法手段,以及能够统整目标、素材、手段方法使之协同的管理运行机制。

[①] 徐士强.本道术原:普通高中特色课程的建设逻辑 [J].中国教育学刊,2019(07):42–48.

当前普通高中育人模式总体问题最突出的当属育人同质化。目标上过度偏倚升学而弱化人的整体素养提升，片面追求升学知识技能的掌握，选择性遗落升学之外的关键素养培育；育人素材上过度依赖高中法定课程和统编教材，地方和学校层面的课程与教材的自主权没有得到主动、充分、有效的开发利用，课程的差异度、多样化不够，学习需求难以得到更好的满足；方法手段上过度依赖教师讲授、学生识记、纸笔考试，追求在校内"一站式"速成，学习的广度、深度、丰富度缺失，纸上谈兵，知行联结不够；管理运行能做到高效率协同，但是这种协同高度服务于考试导向、升学导向，很多学校的效率不低，但只是朝着一个有限的目标迈进，导致育人宗旨片面化、畸形化。

诚然，学校不是同质化问题的唯一根源，但不容否认，学校确实是问题的集中暴露点，所以突破口必须从学校里寻找、在学校打开。面对同质化问题，着眼改革的方向，早在2010年，《国家中长期教育改革和发展规划纲要（2010—2020年）》明确提出要推动普通高中多样化发展，其中特别指出"推进培养模式多样化，满足不同潜质学生的发展需要。探索发现和培养创新人才的途径。鼓励普通高中办出特色"。学校的特色教育、特色普通高中建设不是给学校涂脂抹粉、锦上添花，而是要着眼办学改革，更着眼人才培养模式创新而为。特色高中要能为普通高中办学提供一条创新且可行的道路，更要能为高中育人模式创新提供成功的案例和经验。这是普通高中特色发展必须坚守之本。

二、寻道：用课程打开特色办学之门

本立而道生。特色普通高中建设之道在哪里？课程足以打开吗？学校作为主体，其基本职能一为办学，二为育人。课程是办学之所托，没有系统课程的办学将会是一盘散沙，这样的学校将不复存在；课程是育人之蓝本，没有课程的育人将缺乏灵魂与筋骨。特色学校建设既包含办学的改革，也包含育人的新探，因而课程之于特色学校建设，既是内容又是手段，于理于实都应成为开启新篇章的重中之重。

第一，课程是育人蓝本和办学基本循环中的一环，特色学校建设既是办学范畴的行为，也是育人范畴的行为，两类行为均以课程为纽带和支点发生。课程是学校基本育人行为的蓝本，一概不能脱离。从理论逻辑上看，学校育人的基本行为是教学，学校管理行为、师生交往行为等都是教学的从属或是辅助行为。教学的蓝本来自课程，所以课程是学校育人的核心支点，是课程在担当学校的育人名片功能，是课程决定学校的育人厚度。第二，课程是学校办学的内在且必要的构成部分，任何学校概莫能外。课程是办学基本循环中的核心一环，办学的基本循环是"确定办学理念—树立培养目标—开发建设课程—开展教学实践—实施管理评价"。几个环节依次接续，环环相扣，构成学校办学的基本循环。

概言之，特色办学本质上是学校的一种育人行为，从同质化办学到特色办学，是对育人的一种变革式探索，因而课程也成为特色办学的关键，既是特色高中建设的内在要素，也是特色高中建设的主要支撑。

当然，如果放眼上海乃至世界，也可以发现，凡是特色鲜明的高中无一例外地在课程设置上着力谋求变化，均把办学和育人特色的突破口定在课程上。例如，英国公学系统，其主张培养包括体能、礼仪风度、性格和学术在内的完满的人格，因此特别强调课程的全面性，从基础阶段到最高阶段，设置了体系完整的课程结构门类。再如，美国的史蒂文森高中，其教育理念是给所有学生提供富有挑战性的核心课程，丰富学生的学习经历，塑造学生的完美人格。为了实现自己的培养目标，特别注重扩大课程的可选择性，学校开设了 11 类共计 162 门必修和选修课程供学生学习。

表 1 英国公学课程基本构成

基础阶段 第 1—2 年（13—14 岁）	英语、数学、生物、化学、物理、历史、地理、拉丁语古典教育、宗教、艺术、技术、设计、信息等几乎所有科目
中间阶段 第 3 年（15 岁）	兴趣和特长导向，学生选择普通中等教育证书考试范围内的其他课程，当然也可以选修其他证书考试范围内的课程
最高阶段 第 4—5 年（16—18 岁）	普通中等教育证书高级水平课程和高级补充水平课程，学生至少要分别选择 3—4 门课程

三、探术：以融分结合统领特色课程建设之策

课程构建是复杂的系统工程，包括课程结构、教学与评价、支持性资源和衍生管理等方面的建设。其中，课程结构建设是基础，一套科学合理的课程结构能对办学理念和育人目标进行充分的诠释并提供支撑，也能为学校的教学改革，以及人力、资源和管理指明方向和发力点。

普通高中开展特色教育，从基础教育属性上看它是有特色的基础教育，从特色教育特性上看它是重基础的特色教育。所以其特色教育一定是面向全体学生和面向部分学生相结合的，一定是基础性特色教育和发展性特色教育相结合的，这就对特色课程的系统构建提出了特别要求，要直面三个基本问题。

第一，特色课程如何呼应育人目标，以保持从育人顶层到实践层的一致性？即育人目标应成为特色课程诞生的依据，特色课程应为育人目标提供具体支撑。

第二，特色课程如何涵盖不同类型并体现基础、拓展和研究的功能？即特色课程要自成体系，既体现出基础性以满足全体学生的特色基本学习需求，也体现出结构性和多样性以满足学生的差异性需求和发展性需求。

第三，特色课程如何进入学校整体课程体系并成为其有机组成部分？即特色课程是学校总体课程体系的组成部分，它与国家课程、校本课程呈现融合、替代和补充的关系。

结合上述问题，借鉴上海特色普通高中课程建设的经验，笔者提出"融分结合"的特色课程建设策略，具体为八个字，即"自成一体，融为一体"。

（一）策略一：特色课程自成一体

所谓自成一体，即特色课程形成自己的闭环，在内容上门类齐全、结构恰当、边界分明、层次清晰；在课程类型上有基础型的、拓展型的，也有研究、探究型的；在功能上有支持基础学习的、有支持拓展学习的、有支持拔高学习的；在管理和修习方式上，有必修的、有自选的。因而在对象上，有面向全体学生的，也有面向部分学生、少数乃至个别学生的。

做到这一步，学校要编制一份特色课程结构图或表，以直观的方式说明复杂的课程意图及相互关系。例如，华东师范大学附属东昌中学的特色课程结构

呈金字塔形（见图 1），由底部到塔顶，分别包含基础型、拓展型和研究型三类课程，与上海普通高中课程方案对应。金融教育课程的基础部分列为基础型课程，可以在国家规定的基础型课程中渗透，也有一部分是独立开设的；金融教育的拓展型课程成为学校拓展型课程的主体，能够系统实施；金融教育的研究型课程着眼于少数学生的拔尖性需求，以研究的方式深度实施。金融教育的三类课程，以其不同的功能定位，有效地在对象上面对了全体学生、部分学生和少数学生，在需求上比较好地兼顾了基础性需求、发展兴趣的需求和提高特长的需要。

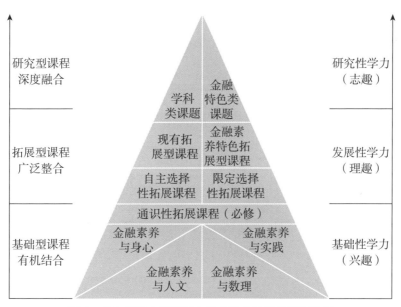

图 1　华东师范大学附属东昌中学金融素养课程体系

　　特色课程自成一体，可以根据学校特色教育的实际情况选择不同的路径。有一定特色课程基础的学校，通常注重特色课程的功能和结构升级，架构特色课程群。一些从过去的特色班、特长生教育、竞赛队基础上转型而来的特色教育学校，如大多数音、体、美类特色教育学校，对课程的探索主要集中在课程结构化建设和功能转型提升上。这类学校课程有较强的基础，但是功能和类型较为单一，一般是面向少数人、注重专长拔尖、考试升学导向。其特色课程与学校其他课程基本不关联，高一到高三相对封闭自成一体。这类学校建设特色课程群的主要任务，是从主要面向少数人、注重专长拔尖、考试升学导向的课程转向建设金字塔形的特色课程群。特色课程包含三类课程，做到面向全体学生和部分学生结合，促进基础素养和拔尖能力培育结合。

另一类，即特色教育"零起点"的学校，他们偏重从课程局部植入。有的学校选择一个综合性的领域作为特色主题，该领域在高中传统法定课程中不独立存在，如上海海事大学附属北蔡高中的航海文化课程、华东政法大学附属高中的法治课程、上海戏剧学院附属高中的戏剧教育课程等。这些特色领域的课程不在传统高中课程计划内，在起步时甚至没有独立形态的课程，学校采用的办法通常是分类举办。例如，首先以专门课程、特设课程的形式建立起特色教育的拓展型课程和研究型课程，让大部分学生接受特色教育；进而开发一部分特色基础课程，同时在学校法定基础型课程中探索渗透。特色课程实现从局部到全体的建构，修习方式做到必修与选修结合。

（二）策略二：特色课程与学校课程融为一体

所谓融为一体，即指特色课程纳入学校的整体课程体系内。特色课程虽有自己的闭环结构，但不是学校里的课程独立王国，它同国家课程等一道构成学校课程的整体，它以渗透、替代或补充的方式与普通高中法定课程形成组合，构成学校最终的课程体系。

融为一体既要形式上表现，也应实质上实现。一所学校的课程总体架构中包含独立或者渗透形态的特色课程，且在不同功能的课程形态中均存在，这叫形式上做到，这一点前文已经有较多阐述。但是，课程结构再完美、门类再丰富，最后没有转化成学生具体的学习内容和经历，都将成为一纸空文。所以，特色课程必须要实质上实现。上海多所特色建设学校的经验表明，可行的路径之一是把课程图细化成学校真正的课程表。通过对特色课程结构图各个领域所含的门类进行细化，形成分年级、分类型的具体课程，排入学生每天面对的课程表。

华东政法大学附属中学是上海市法治教育特色高中，2018年获得上海市教委正式命名。早在2012年，学校便构建了"明德尚法"特色课程体系，并将之分布到学校三类课程表中，成为学生面对的课程。表2呈现的是其中拓展型课程的安排情况。

表2　华东政法大学附属中学"明德尚法"拓展型课程表（2012）

课程			"明德尚法"拓展型课程					
			科目		高一课时	高二课时	高三课时	说明
拓展型课程	各学习领域	学科类	逻辑学初步		16			自主
			中学生法务		8	8		限定
		活动类	情景模拟	模拟立法		6/16		限定/自主
				模拟听证	4/16	4/16		限定/自主
				模拟法庭	4/16	4/16		限定/自主
			热点思辨	辩论赛	4	2	2	限定
			事务实训	班规、校规制定	4	4		限定
				学生听证会	4	4		限定/自主
				学生仲裁	2	2		限定/自主
		专题教育	"法律进学校"		2	2	2	限定
			今日说法		6	6	6	限定
			"感受成长"仪式教育		8	8	8	限定
			法治论坛		4	4	4	自主
		班团队活动	法律伴我成长		6	6	6	限定
		社区服务	见习税务官		4	4		自主
			见习律师		4	4		自主
			法治见习		12	12		自主
			见习社区物管		4	4		自主

（续表）

课程			"明德尚法"拓展型课程				
			科目	高一课时	高二课时	高三课时	说明
拓展型课程	各学习领域	社团活动	法治知识竞赛	4	4		限定
			辩论等法治社团	16	16		自主
		社会实践	法治考察	4	4		自主

四、归原：以育人为本定位特色课程融分之要

特色普通高中一谋办学改革，二谋育人改革。在内涵发展阶段，二者皆以课程为纽带而发生，但归根结底在育人，培育人的特别素养、培育人的能力、培育人的品格与情怀等。所以，特色课程要以培养有一定特色素养的普通高中学生为价值目标，通过分类、多样、丰富、可选等方式，更好地实现其功利性的和实用性的基本功能，让学生有一定的"专门"能力。但万象归原，特色课程更要通过课程衍生领域和关联方面的挖掘，凸显隐形功能，服务于学生的品格、情怀以及其他能力的培育。只有这样，才能呼应特色办学的价值定位，才能提升特色教育的高度和厚度。

表3　几所普通高中学校的特色教育定位

学校	特色	育人定位
上海戏剧学院附属高级中学	戏剧素养教育	通过艺术教育加强全体学生对真、善、美的追求，增强人文底蕴积淀，培养知行并举、德艺兼修、人格完善、乐观进取，既有扎实文化基础，又有一定艺术素养和艺术特长的合格人才
同济大学第二附属中学	理工特色（聚焦STEAM）	特色教育既面向全体学生夯实人文基础，提升理工素养，又能发现具备理工潜质的学生，为学生的全面发展与个性化发展提供可能，最终指向每一个学生的知识学习、能力培养和人格发展

（续表）

学校	特色	育人定位
上海海事大学附属北蔡高级中学	航海文化教育	以航海文化与科技为主要内容，重点培养学生宽厚开放、同舟共济、敢为人先、勇于拼搏、开拓进取的航海精神和实践能力，将学生培养成"自强者、坚毅者、合作者与创新者"
上海市嘉定区第二中学	人文融合的科技教育	科技为先，人文为基，重视科技教育的人文价值。立德树人、格物修身、提升科技素养、丰厚人文底蕴，实现求真、向善、达美的价值追求，培养全面发展的人的教育

培育特别能力是特色课程自然而然的功能，目标适当、内容恰当、方法得当的话，功能实现并不难。但是培育品格、情怀和其他能力的隐形功能则需要有意地设计和挖掘，并找到行动触点。下列特举三点，以窥全貌。

（一）在特色活动中把学生培育成课程"主人"

从理论上讲，学生与课程是双向互动的关系。课程是学习活动的蓝本，一切学习活动依托课程发生。但是学生不完全是课程的被动接受者，也可能成为课程的实施者、参与者和建构者。处理好这种关系，无论课程还是学生都将收获倍增。活动既是课程，也是课程的一种实施形式。通过活动开展特色教育是学校普遍采取的做法。如何在活动中实现学生的多种课程角色，关乎课程质量，更关乎育人效果。

华东师范大学附属东昌中学地处上海陆家嘴金融区，近10年来，学校着力培育金融教育特色，提升学生现代金融素养。从2012年开始，学校每年始终坚持以学生为主体，举办上海市高中生经济论坛。以论坛为载体和纽带，纵向上实现了对开展金融教育试点的初中、小学的辐射，实现了对上海部分金融类高校或院系的对接；横向上通过学生金融、经济类社团，实现了对上海多所高中相似学生社团的对接，扩大加速了学生之间的对话分享。

表4　上海市高中生经济论坛历届参与情况

届次	时间	论坛主题	各校学生参与情况
第一届	2012年10月	经济话题	由几所高中的学生自发组织

（续表）

届次	时间	论坛主题	各校学生参与情况
第二届	2013年10月	中国（上海）自由贸易试验区与高中生学习	19所高中的82名学生参与论坛，收到学生论文21篇
第三届	2014年10月	迪士尼建设与上海经济转型	23所高中的106名学生参与论坛，收到学生论文27篇
第四届	2015年11月	互联网＋时代的金融变革与创新	26所高中的165名学生参与论坛，收到学生论文40篇
第五届	2016年11月	金融与上海创新之城建设	29所学校的204名学生参与论坛，收到学生论文52篇

与通常学校搭建平台、学生上台表演活动不同，东昌中学牵头主办的上海市高中生经济论坛是一次学生主动、深度参与并担任"主事人"的综合学习活动，主要表现在以下几个方面。一是参与论坛方案讨论和确定，学校会要求学生推选代表参加论坛方案的前期讨论，对论坛如何举办充分发表看法、表达诉求、提出建议。在这个过程中，学生担当的是论坛策划人的角色。二是在论坛内容准备过程中，按照论坛要求，学生都有机会提交论文报告，特别好的可以在大会现场交流，比较好的可以编入大会材料集。学生要完成这个任务或者赢得这个机会，就必须靠自己或组建团队，选定题目、制订报告完成方案，还包括自己联系指导教师和校外相关人士，最后完成研究报告等。在这个阶段，学生担任的是地道的研究者。三是在论坛举办期间，相关的会务、解说、接待、大会致辞、主持、部分专题报告等全部由学生完成。在整个论坛的前前后后，学生担任"导演、编剧、演员、剧务"等多种角色，完全置身于活动的中央。论坛所带来的价值已经超越了金融素养本身，能够引领学生全方位地历练成长。

（二）在课堂上让学生沐浴特色课程育人之道

课堂是学校教育的主阵地，也是特色课程实施的主阵地。课程是特色教育的蓝本，只有编入课程表、进入课堂，这个蓝本才算完成一个循环。因而，能否在主阵地里挖掘出特色教育的育人契机并进行有效的设计和实施，成为特色课程能不能发挥双重功能的关键。

　　华东政法大学附属中学是上海市法治教育特色高中，学校非常注重公平、正义、民主等法治精神和理念的教育。多年来，学校一直锐意打造民主课堂，举措之一是实施课堂听证，以听证的方式解决民主课堂构建中的某些问题。例如，学校曾以小组合作学习的形式开展课堂教学改革，但是在实施过程中出现了争议，师生和家长对小组合作学习的利弊关系看法不一，有的要求停止，有的要求继续，小组合作学习陷入两难境地。对此，常见的应对方案可能是，学校领导召集教务管理部门、相关教师、班主任等开会，分析问题，研究决定小组合作学习继续与否。但该校高二年级是这样处理的：该年级学生围绕"'小组合作是否会影响学生独立思考的能力'的矛盾焦点"主题，召开听证会，教师、学生、家长、专家等充分发表看法和建议，把问题说清楚、把需求讲清楚、把建议谈清楚，以便在广泛的意见中综合分析决策。听证会上形成五条建议：（1）小组合作≠小组讨论，小组讨论要选择恰当的时机和恰当的问题；（2）小组讨论之前，应有一定的独立思考时间；（3）注重对组长的培养，由组长督促、指导组员讨论前进行充分的独立思考；（4）加强对学生的指导与培训，提高学生自主学习与独立思考的能力；（5）设立必答题和抢答题，请小组内不同成员参与班级交流。

　　听证是法治背景下一种常见的做法，学校选择用听证的方式解决小组合作学习的争议也符合特色教育的理念和精髓。但其收获的远不止法治本身。课堂听证让学生学会用"法的规则"处理事情，这是"术"；同时，通过这样的方式，使民主、平等、协商的思想植根于学生的头脑，影响学生终身的做人处事理念和方式，远远超出"法术"本身，由术生道。

　　（三）在特色隐形课程中挖掘心灵滋养之源

　　隐形课程也是特色教育的重要课程。隐形课程通常因其具有较大的随意性、非正规性，而缺乏有规制的实施，更谈不上纳入课程表，因而其功能通常还没有得到充分的发挥。

　　以校园文化环境营造为例，校园文化环境也是课程。根据特色教育主题打造配套的特色校园文化，是被广泛采用的一种做法，实践证明是行之有效的。凡是办学特色较为厚实的高中，都有鲜明可见、可感知的特色校园文化。但是只挖掘校园文化环境的显性功能还不够，校园文化不能停留在静态、平面的课程层面，而要立体化、动态化，能在与学生互动中不断生成，即要把校园文化的隐性功能释放出来。对此，华东师范大学附属枫泾中学的做法值得肯定。枫泾中学多年来打造美育特色高中，着力开发审美课程，营造审美文化，建设美丽校园，滋养美丽心灵。在对校园美的文化环境营造方面，学校建设开发了三个系列的校本课程，以课程推动特色校园文化建设，让学生感受美、欣赏美、创造美。(1)"一画一故事"系列。作为一所以美术起家的学校，校园几乎处处都有各类画作。这些作品如果只是挂在墙上则意义不大，学校引导学生自选作品，进而收集、欣赏、交流和展示自己对每一幅作品的心得体会，挖掘并传递其中的艺术光辉和价值内涵，感受人性的真、善、美。(2)"一人一故事"系列。学校要求在就学期间，每个学生都要记录下校园中最令自己感动的一则故事或一个人。引导学生学会发现，欣赏他人、欣赏周边的事与景，发现他人与世界的美好，提升自己的审美情趣。(3)"一景一故事"系列。学校地处历史文化名镇——枫泾古镇，资源丰富。学校组织教师，根据学校不同的景点，结合一定的史实资料，编写"一景一故事"校本课程，让自然美与人文美和谐统一。三个"系列"，画里有人、景中有事，在一画一景、一人一事中散发出浓浓的育人之美，使得静态的特色校园文化变成动态的特色教育课程。

第二节　课程建构的实践模型

特色普通高中课程建设是一个不断迭代升级的过程，从做强部分国家课程、创生校本新课程，到开设融合与独立形态的课程，最终形成既符合法定课程方案要求又体现特色的课程体系，不断发展超越，打造出学校个性化的课程名片。

一、早期普通高中特色课程的架构方式

（一）双轨并行式

双轨并行式课程架构是把特色教育课程与普通高中法定教育课程并列而行，并且只针对特定班级和特定对象。这种架构下，学校先选中某一科目作为特色建设的重点，这个科目可能会细分成若干子科目并分年级呈现，但是所有的子科目都围绕一个目标，比如高考升学，与这个目标不太相关的子科目一般不开设或较少开设。对象方面，学生从高一到高三相对稳定，可以说是定班定员，一般不设流入或流出机制。教师方面，只有少数该类学科的教师参与完成教学任务。这种课程架构下的特色教育，不强调与其他学科的广泛融合、不强调与其他学科教师的关联、不强调对其他学生的辐射，如同在普通高中常规的课程轨道外又设立了一个轨道，用这个新设的轨道把一部分学生送向目的地。

调查表明，这种类型的特色课程建设，其科目一般来自国家规定的普通高中课程，较多地集中在美术、音乐、体育学科上（见表1）。课题组曾经于2011年，即上海特色高中建设正式启动时，开展了一次全市调查，有139所普通高中

学校（含完全中学）提供了有效反馈。调查结果显示，学校的特色领域主要涉及艺术类、体育类、科技工程类、语言文字类、德育类及其他方面。其中，办学特色涉及艺术类的学校有 84 所，占调查学校总数的 60.4%；涉及体育类的学校有 77 所，占调查学校总数的 55.4%；涉及科技工程类的学校有 67 所，占总数的 48.2%；语言文字类有 22 所，占总数的 15.8%；德育类有 32 所，占总数的 23%；涉及其他类别的有 27 所，占总数的 19.4%。

表 1　办学特色类型分布

类别	学校数	占比（%）
艺术类	84	60.4
体育类	77	55.4
科技工程类	67	48.2
语言文字类	22	15.8
德育类	32	23
其他	27	19.4

由于此类特色课程与学校的总体课程体系渗透交叉近乎为零，仅有少数本学科教师参与，且仅仅面向少数学生。因此，它对学校的整体课程建设影响不大。聚焦小部分学生的特色教育教学，其实施同整个学校教育教学的系统运行相对游离，很难对一所学校的办学育人产生根本的影响，也很难把学校带成特色学校。这种模式在早些年或学校特色创建的初期比较多地存在，随着学校特色建设的不断深化，该种方式便不再多见。

（二）创生蔓延式

上海"二期课改"时期，普通高中课程方案中包含基础型、拓展型和研究型三类课程，其中拓展型和研究型课程学校有较大的自主权，在课程计划与课程表上有较大的空间。这给学校发挥课程领导力和能动性提供了可能，当然也为特色高中建设提供了很好的课程契机。上海有些学校的做法是，先充分利用拓展型课程上的自主时空，创造性地开发植入校本特色课程，供学生必修或 / 和选修；进而向两端延伸，分别在基础型课程和研究型课程中以独立形态、融合形态等多种形态实施，既兼顾全体学生的基础性普及，又服务特定学生的发展性提高需求；最终在三类课程中充分体现特色教育。

用"创生蔓延"来描述，意在强调课程的从无到有，即该类课程在原有的国家高中课程门类中没有，或是缺乏独立形态。学校或着眼于未来社会对人的需要，或着眼于学生素养的全面发展，抑或另辟蹊径办特色，在原有高中课程框架内植入某一类课程，通常是先在拓展型和研究型课程课时内完成，进而进行基础型课程渗透，采用必修和选修相结合、面向全体与面向部分学生相结合的方式，慢慢培植，不断壮大，逐步彰显学校的办学特色。这类课程的最大特点是，一般不与高考升学直接挂钩，而更多地着眼于学生某些领域的素养培育。

以这种方式发展特色课程的学校不在少数。以上海的高中为例，如华东政法大学附属中学的法治特色课程、上海财经大学附属中学的财经素养课程、上海海事大学附属北蔡高级中学的航海文化特色课程、上海戏剧学院附属高级中学的戏剧教育特色课程等，还有一些主打工程类特色课程的高中……这些高中的特色课程不在传统的高中课程计划内，学校大多从零开始，采用植入的方式，先在拓展型和研究型课程计划内植根，进而通过基础型课程渗透，采用必修与选修结合的手段，推动特色课程根深蒂固、枝繁叶茂，直至结出丰硕的果实。

具体以华东政法大学附属中学为例，学校自主开发了基础型课程中部分学科的"明德尚法"类校本课程，通过调整课时、加强渗透、隐性教育等途径和方式，分年级实施。开发、完善具有"明德尚法"特色的拓展型课程体系，分层实施，目前已形成学科、活动、专题教育、班团队活动、社区服务、社团活动、社会实践七大类共 21 门"明德尚法"校本拓展型课程。开发研究型课程，采取自主式课题研究和共建式课题研究两种方式，注重引导学生进行有一定深度的体验。

表 2 "明德尚法"基础型课程表

课程			"明德尚法"基础型课程				说明
			高一年级		高二年级		
			科目	课时 / 比例	科目	课时 / 比例	
基础型课程	语言文学	语文	演讲与口才 / 语文	8/8%			限定
	社会科学	思想政治			生活与法	8/10%	限定
		历史	中外法治简史	8/10%			限定
		社会	现代公民	8/10%	现代公民	8/10%	限定

二、不断迭代升级的金字塔形

（一）"二期课改"方案下的金字塔形

这种特色课程建设的模型，从低年级到高年级，特色课程的内容范围不断变窄，对象也在不断减少，如同一个金字塔。高一年级更多开设具有基础性和普适性的特色课程门类，内容是这个特色领域的基础性内容，对象一般为全体学生，方式通常是必修，目的在于让全体学生都能掌握本特色领域的基础观念、知识和能力，同时也是为了帮助一部分对该特色领域有专门兴趣的学生打下进一步学习的基础。这是金字塔之塔基。

随着年级升高，特色课程的基础性内容开始减少，并逐步聚焦于一个或少数几个分支科目上；面对的学生也逐步减少，从面向全体变为面向一个专门的特色班乃至一个特色学习小组；功能定位在服务少数学生的日益拔尖的学习需求乃至志趣的培养。在修习方式上，通常以选修为主。这构成了金字塔之塔尖。这同调查结果是一致的，调查发现：采取必修和选修相结合的方式开设特色课程，是大多数学校采用的特色办学的基本模式，随着年级升高特色必修课程越来越少，但特色选修课程却越来越多。

表3　高中各年级特色必修课程开设门数

	艺术	体育	科技工程	语言文字	德育	其他	总计
高一	37	26	36	13	10	15	137
高二	28	21	15	11	6	8	89
高三	21	15	3	4	3	3	49

表4　高中各年级特色选修课程开设门数

	艺术	体育	科技工程	语言文字	德育	其他	总计
高一	45	44	71	14	6	11	191
高二	43	44	68	15	6	11	187
高三	20	29	8	1	2	5	65

（二）"双新"背景下的金字塔形

2020年，国家公布了普通高中新课程方案与新的课程标准（一般简称"双新"方案），2021年起正式实施。新课程方案在课程门类结构、内容方式、学习要求以及课程外部关联因素等方面都有一定的变化提升。课程结构门类调整，在课程属性上把三类课程调整为两类课程，即把21世纪初确定的国家课程、地方课程和校本课程调整为国家课程和校本课程；在功能与要求上将不同类型的课程分为必修课程、选择性必修课程和选修课程；在过程与评价上，实行学分制，学生需要修满144个学分，合格者方可毕业；等等。这轮新课程方案在育人思路和育人过程上呈现出以下几个鲜明特征：[1]

基础全面，德智体美劳全面教育，全学科推进，打好核心素养的基本盘；

特长凸显，必修、选修有机结合，应答个体兴趣与需求差异，特色育人持续深化；

素质厚实，加强综合实践学习，实施综合素质评价，培育宽厚的综合素养；

———————————

[1] 徐士强．新课程要让高中生获得高品质成长［N］．光明日报，2020-12-29（13）．

规划引导，教、导结合，全员参与，帮助学生更好地规划高中学业与未来生涯；

共育增强，校内外协同，学校与家庭、社会合力育人。

根据新课程方案，国家课程的科目包括语文、数学、外语、思想政治、历史、地理、物理、化学、生物、技术（含信息技术与通用技术）、艺术（含音乐、美术）、体育与健康、综合实践活动、劳动。国家课程的必修不少于88学分、选择性必修不少于42学分，二者合计130学分（新课程方案规定，普通高中总学分为144）。从学分结构来看，显然应主要依托并夯实国家课程来增强五育、实现新时代的育人目标。

这种转变和导向一度对上海特色高中建设带来一定的挑战。面对新课程方案，上海的普通高中特色创建面临着如何挖潜和提质的双重挑战。在新课程方案发布之前，上海根据国家的授权，形成自己的普通高中课程方案。课程分基础型、拓展型和研究型三类：基础型课程面向全体，落实国家高中教育的总体要求；拓展型课程包含语文、数学、化学等基础型课程的拓展，也包含学校自主开设的校本课程；研究型课程也可以来源于校本课程。学校实际上用以开设校本课程的时空还是比较宽裕的，这为学校以课程适应学生兴趣和差异、彰显育人特色、打造育人品牌提供了可能。新课程方案中校本课程为14个学分，相比之前而言，时空被压缩。所以，如何用足这个空间，并合理挖潜、提升品质，是特色高中创建必须攻克的新挑战。

如何在原有的课程架构模型上实现升级迭代，使得学校的课程方案既符合国家课程的要求，又能延续并深化特色教育？上海探索形成了新的金字塔形课程架构模型。在该模型下，特色高中以高质量实施国家课程为本体，坚持特色教育融入必修课程宽基础、嵌入选择性必修课程提兴趣、增强于选修课程扬特长的课程发展思路，建立富含特色的总体课程框架。使得特色教育相关课程和内容能做到面向全体学生、分类应答部分学生、着重关注个体和少数学生的结合，满足学生的基础性、发展性和提高性学习需求，实现奠基、提趣、扬长的结合。新的金字塔模型是一种直观的模型，更是一种隐形的课程建构思想，每一所特色创建学校在建构总体课程时可以参照这个基本模型，学校的课程图谱可以有多种展现样态，但是其核心思想须与该模型蕴含的思想保持一致。

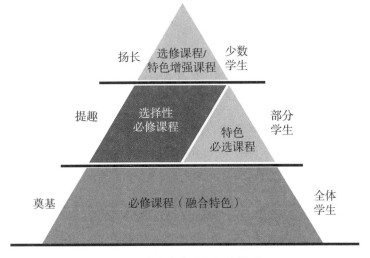

图 1 特色高中课程架构模型

第五章

建设以学为中心的特色教育主阵地

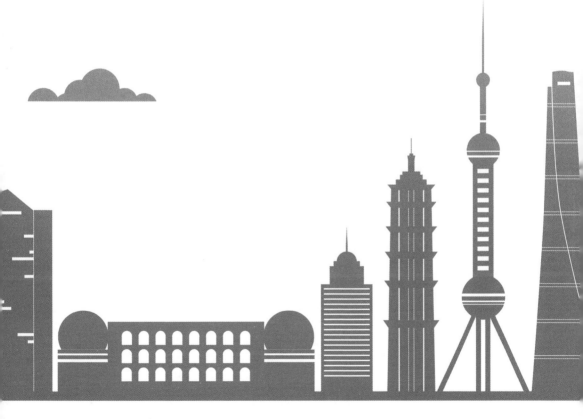

课程实施一端连接课程理念、规划和文本，一端连接学生的学习与活动，是课程的核心要素和关键环节。没有高质量的课程实施，特色高中创建中再好的规划、再完善的课程，其效能都要大打折扣。课程实施的主阵地是课堂、副战场是社团与活动。在早期特色教育的探索中，特色学科与学校普通学科教育教学"两张皮"、特色教育的对象单一和内容窄等问题较普遍，究其根本，是在教学与活动上缺乏融合设计、学生缺少深度参与等。上海在特色高中创建过程中，围绕课程实施做强主阵地和副战场，改革课堂教学，实现教学融合互促、建好社团促进深度学习、做精活动增强体验，以丰富多样的手段提升课程实施的质量。

第一节　融合相长的课堂教学

普通教育与特色教育互助相长的教学，即在国家课程教学中渗透特色教育，拓宽特色教育的载体；将特色课程的实施经验迁移到学校整体教学中，为国家课程高质量实施提供新思路和新举措。二者融合互促，构成特色高中创建中课堂教学变革的核心观点与路径。

一、国家课程在自然渗透特色教育中丰富育人功能

国家课程是学校教育的主要依托，是学校一切育人活动的基础。特色高中建设和特色教育，固然强调开发相对独立成体系的特色专门课程，但是从根本上讲更离不开国家课程的支撑。在国家课程实施中自然渗透、增强特色相关教育内容、设计相应的特色学习要求和活动，这既可以满足特色教育的内在需要，也可以反过来进一步丰富和增强国家课程的育人功能。基于这种认识和判断，上海特色高中建设尤其强调开发出国家课程各学科与特色教育的系列结合点，并制定学校整体实施意见和分学科的实施指南等。

必修课程本身都有自己的学科逻辑、结构和内容，除少数学科的少数章节外，通常并不以某某特色教育为显性目的。不过，大多数特色教育，如法治、财经、美育等，都是弥漫于整个社会与生活的主题和学习领域，因此在必修课程中寻求原有课程内容与特色教育的结合点和融合点存在很大的空间。例如：语文教学可充分利用文学作品中的人物形象和典型事件，向学生进行审美教育；历史教学要关注法治发展史的教育，要重点讲述依法治国的历史

范例；生物教学要对学生进行生态环境和生命素养的教育；数学教学可以对学生进行财经素养教育；等等。当然如何把可能变成现实，还需要技术性探索，比如如何找到国家课程之于特色教育的内容结合点、如何把基于结合点的教育在教学设计中体现、如何支持和保障教师切实开展这类教学实践。对此，上海特色高中创建学校纷纷开展探索。下面是华东政法大学附属中学的实践案例。

华东政法大学附属中学是上海市教委命名的法治教育特色高中，经过多年实践，学校清醒地认识到落实青少年法治教育、普遍提高法治素养离不开必修学科教育主阵地，没有与必修课程的特色教育融合，特色办学终将难以持续。如何在不损害学科教学本身的前提下，利用学科教学中与法治相关度较高且与学生认知水平相适应的教学内容，有机、适度地进行法治教育？

经过实践探索，学校首先确定了学科法治教育融合渗透的五个视角，帮助学科教师找准本学科与法治教育的结合点。（1）与课程内容相关的法律基本知识。如地理学科"环境"中相关的环境保护法知识，化学学科"高分子"中相关的限塑令知识、"乙醇"中相关的交通法规知识（酒驾等），数学学科"几何—坡度"例题中相关的残疾人保护法，物理学科"惯性"中的相关交通法规知识（刹车距离等），信息技术学科中的网络安全、版权法知识。（2）与法有联系的基本原理。如马克思主义基本原理、科学原理等。（3）作为立法指导精神或依据的相关基本理念。如地理中的人地和谐等理念。（4）作为法治精神之践行的行动原则和规则实行。如课堂活动中的纪律、规则等，校园社会交往和社会活动中的民主、自由、平等、公正、法治等。（5）与法共通的思维方法和规律探寻。如各学科中的逻辑、论证等方法。

学校进而挖掘了必修课程法治教育的 500 个结合点。依据梳理必修学科尚法结合点的五个视角，学校各教研组组织所有备课组教师，根据《青少年法治教育大纲》、学校教育价值目标、学科课程标准和学生的认识基础，在尊重学科核心内容的基础上不断钻研教材，挖掘、梳理各必修学科教材中的法治教育融合渗透结合点，并探索实施的一般方法与路径。在教研组长的指导下，备课组长带领组内教师反复研讨，梳理形成学科各学段整合渗透的内容列表，落实到具体各学科的单元、章、节，明确学科内容中的尚法元素的结合点，进行教学融合渗透的思路阐释，形成各学科的尚法元素一览表，并在专家的指导下汇编成册。目前，包括500余个法治教育融合渗透点的《中学基础型课程法治教育渗透指南》成为学校教师开展必修课程中的法治教育渗透实践的重要参考。

接下来制订了基础型课程法治教育渗透方案。为有效推进法治教育与基础课程的融合渗透，在充分挖掘必修学科中蕴含的相关法治教育内容与拓展点的基础上，学校制订了旨在使必修课程和学校尚法特色相融相通、无痕渗透、潜移默化地实施法治教育的《华东政法大学附属中学必修学科法治教育融合渗透实施方案》，着力实现从"附加"到"渗透"和"融合"的转变，实现学校内涵发展，铸就法治教育品牌。学校把实施必修学科与法治教育的整合渗透作为教研组校本研修的主题之一，教研组通过组室研修课、校级展示课、校级示范课等形式积极开展课堂实践研究，并制定"必修课程与法治教育整合渗透优秀教案评价表"，开展"必修课程与法治教育整合渗透优秀教案评选活动"。学校鼓励教师参与各级各类法治教案评比，教师们屡获佳绩。2021年3月学校编制了《课堂启智增慧　尚法培根铸魂——华政附中必修课程法治教育优秀教案集》。

最后，学校设计课时教学方案，落实课堂教学任务。在学校制定的必修课程与法治教育整合渗透优秀教案评价表和学程手册编撰要求的指导下，各必修课程的任课教师参照《中学基础型课程法治教育渗透指南》中已经梳理出来的结合点和渗透点，经由"个人设计—备课组讨论—个性化调整"的路径，撰写必修课程学科法治教育渗透教学设计，完成课时教案和学程手册（含作业设计）。学校对必修课程法治教育融合渗透教学设计的总体要求是：通过有效的课前预习、恰当的情境引入，合理的教学流程、拓展思考、课堂练习、小节呼应、开放性作业设计，充分挖掘、整合学科中固有的或隐含的法治教育内容、教学条件和教育契机，基于民主课堂模式，灵活、生动、适度地使法治教育与必修学科教学无痕融合，同时促进学科教学目标和法治教育目标的落实。

为了更好地支持教师开展融合渗透的教学，学校探索总结形成必修课程法治教育融合的五个原则和六大策略，总结出创设"双教"情境、延展学科内容等六大实施策略，在基础课程中开展法治教育渗透实践，把法治内涵转化为学生的能力素养。把"教学过程"要素（呈现、训练、总结、作业）与"法治教育"要素（立法价值观、立法原则或原理、规则或逻辑、法律条文及含义、法律规范践行）相结合，研制了必修学科法治教育融合的教学设计通用模板。

表1 基础型课程各学科基础内容与法治教育相结合进行教学设计的通用模板

学科内容		法治教育要素						教学过程结合点				活动设计
单元	篇目	法规名称	法规条文（或法治精神）	渗透水平				呈现	训练	总结	作业	
				价值	原则	知识	践行					

铝和铝合金的崛起——铝及其化合物

刘老师要渗透的法治教育要素是《食品添加剂卫生管理办法》及具体法条。刘老师从12个教学要素中选取了呈现中的"讲解和演示"。下面是部分教学实录。

表2　化学学科"铝及其化合物"法治教育渗透教学设计要点

学科内容		法治教育要素		渗透水平				教学过程结合点				活动设计
单元	篇目	法规名称	法规条文（或法治精神）	价值	原则	知识	践行	呈现	训练	总结	作业	
第八章 走进精彩纷呈的金属世界	铝和铝合金的崛起——铝及其化合物	《食品添加剂管理卫生办法》	第十七条 食品添加剂的使用必须符合《食品添加剂使用卫生标准》或卫生部公告名单规定的品种及其使用范围、使用量									1. 讲解和演示：展示《食品添加剂管理办法》和《食品添加剂使用卫生标准》的有关规定
		《食品添加剂卫生使用标准》	硫酸铝钾：油炸食品，水产品，豆制品，发酵粉、威化饼干、膨化食品、虾片；硫酸铝铵：按生产需要适量使用。铝的残留量＜100mg/kg		◉	◉		◎		◎		2. 情意价值观提升：不是所有的商家都会为了经济利益不守法；存在法律不健全的现象，如法律条文中缺少对明矾用量的专业化指导，需要不断完善

在生活中也常常见到铝的化合物，比如说我们吃的许多加工食品。在它们加工的过程中，生产厂家通常会使用一种叫明矾的添加剂（PPT 呈现"明矾"），它的主要构成就是硫酸钾和硫酸铝。厂家之所以使用它，正像我们在课上经常讲的，那一定是因为这种化学物质帮助人们解决了某个现实问题。但是，在食品安全国家标准中，主管部门又对硫酸铝钾这种添加剂进行了严格的限制（PPT 呈现食品安全国家标准相关法规条文）。国家之所以制定某种法规，尤其是涉及化学相关物质的相关法规，一定是为了规范人们的行为，保障人民群众的健康。像明矾或硫酸铝钾这样的铝化合物到底有什么性质，使得厂家要把它们添加到生产流程之中？而它们又有什么性质，使得国家要颁布明确的法律法规来限制和规范它们的使用？

教师在讲解之前抛出了有待分析的一个现象，并为此设置了一个有法治背景的问题情境。可以想象通过这样的设置，学生的好奇心会得到有效的激发。由于法条不完善产生了现实问题以及由此而引发矛盾冲突，不仅会让学生对铝的化合物的性质印象深刻（达成学科目标），同时也会让学生产生运用学科知识完善法律法规的情感和追求（达成法治教育目标）。这是一个比较成功的渗透案例，真正做到了学科教学与法治教育渗透的无痕衔接，做到了相辅相成。

法治教育在学科教学中的渗透是一个大课题，有待广大教师在未来继续深入探讨和研究。把传授学科知识同法治教育有机地结合起来，培养学生全面发展的能力，特别是培养学生特定领域的素养，这不仅对特色教育的普及和强化是必要的，对于学科教学、增强学科育人功能而言也是极其必要的。

二、借鉴特色教育丰富学与教的方式

特色课程教学要借国家课程充分渗透实施，从而产生更大的辐射面，面对更多学生打下基础。但是，特色课程并不只是单向的受益者，它也可以反过来对国家课程、必修课程的教学活动产生积极影响，乃至促进形成学校的课堂教学特色和品牌。例如，戏剧教育在方式方法上特别注重多感官参与、多方式表达、多情境铺垫、多技术条件集成、多角色扮演等，而这种特点恰恰是必修课程教学中总体比较缺乏的，戏剧教育特色高中完全可以借助戏剧教育方式方法改革其他学科教学，形成课堂教学特色乃至品牌。

为借鉴特色课程实施经验，打造助力国家课程高质量实施的课堂学与教新方式，各学校做了大量的实践研究和探索。

例如，上海海事大学附属北蔡高级中学是上海市教委命名的航海文化科技教育特色高中，受航海教育特色启发，学校改革课堂教学，打造形成了具有SAIL 特点的课堂教学特色。SAIL 课堂教学就是自主课堂、互动课堂、智慧课堂、统整课堂。其中，S 即 Student（学生）——以学生为中心，注重评估学情，深研课程标准，精选教学内容，做到 3 个关注：关注学生个性化发展需求、关注学生差异性学习特点、关注学生非智力因素培育。A 即 Activity（活动）——以师生、生生间的活动为载体，调整教学方法，增强师生互动，构建民主开放课堂；创设更多学习空间，提升学生的体验性和实践性；倡导小组探究学习，提升学生的沟通合作能力。I 即 Intellectual（智慧）——以培育学生高品质思维为导向，设定具有一定挑战性的学习目标，激发学生学习动机；创设问题情境，培育学生高阶思维能力；构建解决问题的支架，提升学生解决问题的能力。L 即 Linked（联结）——关注学习的关联与系统化，在教学内容与教学方式的选择与运用中，贯彻四个关联：与学生已有知识体系与能力水平充分关联，提升学生的学习态度与效能；与生活实际问题、学科前沿领域关联，提升学生对学科价值的认知，激发学生的志趣；开展跨学科关联学习，提升学生综合解决问题的能力；充分关联与运用信息化手段，提升学生互联网＋时代的自主性学习能力。概括起来，个性化学程的实施成为 SAIL 课堂最有效的载体。各教研组在不断推行个性化学程设计为载体的 SAIL 课堂实践的过程中，形成各学科教学环节改进实施意见，以指导教师更好地提高课堂教学效率，彰显办学特色。

再如，上海戏剧学院附属高级中学是戏剧教育特色高中，学校借鉴戏剧教学方式，以表演教学的思想改革教学，突出让学生在参与、体验中加强对学科知识的感悟，在角色扮演、音乐渲染等情境教学中激发学生的想象力和创造力，学校各科课堂充满浓浓的戏剧味。上海市罗店中学立足审美教育特色着力打造

"艺味"课堂也是很好的实践案例。

罗店中学的"艺味"课堂[①]

"艺味"课堂是在学科教学中，以审美化、艺术化的方式，一方面调动学生的学习兴趣与学习热情，以寓教于乐的方式，提高课堂教学效果，通过创设有趣的情境，以情感、灵性、智慧活化认知，以问题为导向，以美启智，让课堂变得有"艺味"——有美感、有艺术性、有趣味，能激发学生的好奇心和探索欲，让学生的知情意行有机地统一起来，并互相促进。另一方面，尝试在学科教学中提升学生的审美能力，把学科教学与学生审美能力的提高、审美趣味的雅化和审美感受力的提高结合起来，让学科教学不仅仅是知识的传达，还要实现以美怡情、以美培元、以美化行的美育功能。

学校首先确立了"艺味"课堂四个维度的教学与评价指标：激起兴趣与探索欲、激发信心与力量、激活智慧与创造力、唤醒美的心灵与行动。然后制定了"艺味"课堂的教学评价表，确立了课堂评价的一级指标、二级指标以及评估要素。

表 3　上海市罗店中学"艺味"课堂教学评价表

一级指标	二级指标	评估要素
课堂设计	教学目标预设（15分）	美育目标明确、适当，符合新课标和新教材的内容要求
		结合学生已有的经验和最近发展区整体预设
		将美育与学科核心素养融合，培养全面发展的人才
	课堂结构规划（15分）	教学环节安排合理、过渡自然流畅，具有美感
		课堂结构严谨有序，体现"教、学、评"一体化，充满艺术性
		因材施教，促使每一位学生的美育素养得到差异化、个性化提升

---

① 选自上海市罗店中学 2021 年自评报告，2022 年 7 月 25 日引用。

（续表）

一级指标	二级指标	评估要素
课堂呈现	教学内容选择 （10分）	教学内容安排系统、科学、准确，融入美育元素
		教学内容具有艺术性，符合学生的欣赏和品味能力
		内容具有启发性，能够激发学生对科学和真理的美好追求
	教师素养展示 （10分）	教师举止大方、自然、得体，给人舒适感
		板书字迹工整、简明扼要、突出重点、布局美观
		语言准确生动、教态亲切自然，富有艺术性和感染力
课堂体验	教学方法选择 （15分）	充分利用现代信息技术挖掘学科美育元素
		强调"学生主体"的教学方式，引导学生深入课堂认识和体验学科之美
		重视问题驱动和学法引导，培养学生感悟美和欣赏美的能力
	教学过程呈现 （20分）	情景带入感受美，激发学习兴趣
		教师讲授内容准确，语言生动活泼，学生认真倾听，积极参与，敢于提出不同意见
		学生活动丰富，深入思考，探究有效，多种形式让学生鉴赏美
		设问类型多样，有梯度，富有层次感
		评价形式活泼多样，具有艺术性
	教学效果评价 （15分）	教学效率高，学生思维活跃，能够认识美并形成正确的审美观
		学生学得轻松愉快，获得丰富的美感体验，实现热爱美、欣赏美，培养心灵美
		富有价值的问题情境及探究讨论，深化美感教学，实现追求美、创造美

考虑到不同学科的特点，学校分类探索"艺味"课堂的框架与实施模式。针对人文类学科，打造了"三感—创造""艺味"课堂。罗店中学人文学科类教研组在"艺味"课堂探索中立足"三感"模式，紧扣"以美启智、以美怡情、以美培元、以美化行"的美育目标，引领学生有兴趣地学习，享受学习和探究过程的美。

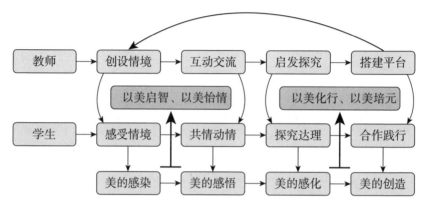

图 1　人文类学科"三感—创造""艺味"课堂流程图

教师方面：

创设情境。在学情分析的基础上，通过板书设计、语言表达、多媒体使用等方式构建关联知识与生活的情境。通过情境的创设，增强课堂趣味，增添课堂"艺味"。

交流互动。通过师生、生生多维交流互动，实现课堂的和谐之美与沟通之美。通过情感打动、思维互动来促进"艺味"的落实。

启发探究。启发引导学生探究问题，在活动的过程中激发学生的信心和力量，从以美怡情到以美启智，激活学生的智慧，以实现思维之美和生成之美。

搭建平台。教师搭建平台，帮助学生合作践行，活化认知，以创造来实现价值之美、文化之美。

学生方面：

感受情境。学生在教师创设的情境中感受美。

共情动情。学生在互动交流中达成共情，交流思想，实现以美怡情与以美启智。

探究达理。通过美的感染与感化激起学生的学习兴趣与探索欲，在探究中促使学生感悟，引发学生反思。

合作践行。学生合作用所学知识解决问题，这一过程不仅巩固了新知，而且能深化学生体验，便于修正学习反馈，促进学生反思，让学生的知情意行有机地统一起来并互相促进。

在这一模式的互动交流与启发探究两个环节中，教师建立起完整有效的问题链。问题链不仅能给学生提供学习支架，也是课堂"艺味"深化的关键。

针对自然科学类课程打造了"5E学习环""艺味"课堂。罗店中学自然科学类教研组在"艺味"课堂探索中立足"5E探究"模式，通过吸引（Engagement）、探究（Exploration）、解释（Explanation）、迁移（Elaboration）、评价（Evaluation）五个探究环境，在培养学科核心素养的基础上，融入"以美启智、以美怡情、以美培元、以美化行"的美育目标。通过感受科学美，亲历科学探究美，认同思辨美，追求真善美统一，构建了"5E学习环"美育渗透模式。"5E学习环"教学模式是科学教育领域的现代教育模式，其宗旨是帮助学生构建科学概念。在教学中，5E教学模式可以用来探查学生的前科学概念，培养学生的科学思维和科学探究能力，以及帮助学生实现概念转变，构建科学概念。在理科教育中，恰当地运用该教学模式开展教学，教学中融入渗透美育元素，有助于师生确信科学探究本身存在审美价值，树立主动发现科学美的意识。通过教师的审美再创造，引发学生的审美感受，以教师的"教之真"与学生的"认之真"达成真善美的统一。探究活动与审美活动的结合，进一步助推课程理念和课程目标的落实。

☆流程示意

"5E学习环"的流程见图2所示。

☆环节分析

整个模式以"5E学习环"为主线，在培养学科核心素养的基础上，融入"以美启智、以美怡情、以美培元、以美化行"的美育目标。教师和学生双方互动生成。

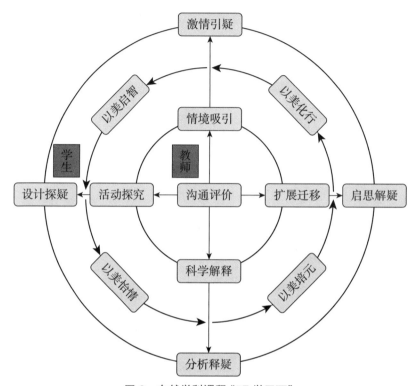

图 2　自然学科课程"5E 学习环"

教师方面：

情境吸引（Engagement）。通过审美化的视角营造某一问题（探究）情境，吸引学生的注意力，激发他们的学习兴趣。

活动探究（Exploration）。学生针对特定的内容，自主或半自主提出问题，开展有意义的探究活动。

科学解释（Explanation）。鼓励学生根据事实或证据科学表达自己的想法，澄清概念，总结规律，解释疑惑。

扩展迁移（Elaboration）。为学生提供时间和空间，让学生在新的问题情境下获取信息，参与讨论，制订解决方案或表达个人立场。

沟通评价（Evaluation）。进一步创设开放性的讨论环境对学生进行综合评价，同时也鼓励学生进行自评和互评。

学生方面：

激趣引疑。基于图片、动画、视频等设置探究背景和探究问题，以美启智，产生探究学习的欲望。

设计探疑。以美怡情，通过观察、设计等探究活动建立事物间的联系，在动手动脑中感受科学的探究美、严谨美和态度美。

分析释疑。探究完成后，运用归纳与概括、演绎与推理、模型或建模等科学思维形式，以美培元，用自己的语言给出科学严谨的解释，在思维运转中亲历科学的逻辑美和思维美，将科学观念融入自己的认知结构中，内化学科核心素养。

启思解疑。在获得新的知识后，以美化行，尝试运用这些知识解决实际生活或新情境中的新问题，展现学科核心素养，认同科学的求真美、批判美和创造美。

沟通评价。在进一步开放的讨论环境中自评互评，运用批判性思维和创造性思维解决问题，表达立场，感受讨论的和谐美，并进一步激发新的探究灵感。

这一模式将培养学生的科学思维和科学探究能力的学科素养与培养学生的美育素养相融合，使理科课堂充满"艺味"，使学生在理科教学过程中感受和领略科学的真、善、美，并累积为科学审美的品格与气质。

第二节　支持深度学习的社团建设

学生社团是特色学习的重要载体和手段，依托社团开展的活动是学校教育教学活动的重要组成部分。学生社团作为校园内一种非正式的学习组织，对培养学生的兴趣特长、自控能力、组织能力、团队意识、协作能力等具有独特的优势。这些优势在学校的特色建设中，能有效推动特色学习深入可持续实施，有效助力学生全面而有个性发展。本节结合上海市曹杨中学的实践探索加以具体阐述。

一、学生社团之于特色教育的独特优势

第一，可以为志同道合的学生搭建特色成长平台。通过建设社团，学校可以为志同道合且具有一定研究能力、兴趣爱好和特长的学生搭建交流的平台，使他们在活动中合作成长。而且社团一般都有专业的教师指导，开展有章程、有计划、有步骤的规范化活动，可以把不同类型的学生组织在一起，每位成员能寻找到适合自己的位置，获得别样的成长。如2019年上海市曹杨中学的学生参加了前往冰岛的研学之旅，这一路上学生通过气象观测、水质检测、社会调查等多种形式，相互配合，深入了解冰岛，从自然、社会、科技等多方面了解这座"冰与火之国"，并形成课题报告在校内外各类平台上进行分享展示。

第二，更易于增强丰富多样的特色学习实践体验。社团活动能给学生提供更多课余探索的时间，通过利用学校丰富的试验场、学习场，开展各类科学实验和课题研究；专业的指导教师、高校和科研院所的专家教授帮助学生拓宽知

识面；借助研学活动、校内外交流活动、社团竞赛等为学生提供更多发展的可能性。比如：学校"萌芽"生物社的社员，在教师的指导下通过培养机，利用厨余垃圾生产出了营养土，让校园的"碳"活起来、循环起来；"云知"气象社的社员，通过对城市 PM2.5 数据的采集与分析，完成了城市空气质量检测报告；"H$_2$O"水技术与环保社团的学生围绕校园旁边的西虹江河开展定期的水质监测和分析，不断优化水质处理方案。多年来，学生社团成果共获市级奖项近百个。其中，"H$_2$O"水技术与环保社团被评为上海市"十佳学生社团"；"NASA"太空城市设计社团、"新源"绿色能源等社团获得上海市普陀区明星社团称号；"NASA"太空城市设计社团多次参加国家级赛事并获得冠军；"新源"绿色能源社团的"绿色创意，点亮社区"项目为社区研制安装太阳能灯牌，传播环保理念，被评为上海市普陀区社会主义精神文明十佳好人好事；"云知"气象社团等参与气象局交流活动、全国气象科普论坛交流活动等，不断扩大社会影响力和辐射面。学生在社团中找到自己的兴趣点，并和同伴开展兴趣探究，参与各类活动，不断牢固人地协调观，深刻践行环境素养责任。

第三，能拓展学生特色学习成果交流平台。社团既是学习的载体，也是成果展现交流的平台。融合凸显特色教育的校园开放日、艺术节、学生论坛等校内和跨校活动，还可以通过"走出去，请进来"增加校与校之间的社团成果交流活动，使学生加强集体意识与合作精神，提高学生的综合实践能力。比如，在由曹杨中学举办的环境素养论坛和课题分享交流会上，来自各校的社团小组，带着自己的课题走进曹杨，与曹杨学子进行学术切磋；由特色学校承办的上海市高中生论坛，曹杨中学的明星社团也会走入外校进行交流，在一次次的成果互动中迸发出新的火花，看到更广阔的世界。

第四，有助于加强学生成长中的社会参与意识和能力。学生的学习时间大多在学校，与外界社会的接触较少，开展社团活动，能够有效地加快学生对社会的了解。通过与外界的交互，帮助学生理解和认同社会规则，树立正确的世界观、人生观和价值观，从而履行自己的责任与担当。同时，社团也像一个"微型社会"，通过参与各种社团活动，学生学会了承担责任，学会了遵守承诺，学会了协调人际关系，学会了规范自己的行为，学会了处理各种复杂的矛盾和困难。社团是团体的活动，是锻炼人的地方，经过各种活动的锤炼，学生也逐渐增强自身能力，树立自信，未来的路将走得更宽更远。

二、社团建设的策略和方法——以上海市曹杨中学为例

上海市曹杨中学在以"环境素养培育"为特色载体的特色育人过程中，充分发挥社团组织的积极作用，将社团建设纳入学校校本特色课程的设计和实施之中。学校负责提供场地和一定的活动经费，以学生自发组建和特色教师依托特色课程组建相结合的方式，开发了绿色能源、水科技、人工湿地、气象科技等近30个"环境素养培育"社团。近三年社团活动参与超过2000人次，极大地促进了学生自主学习的积极性和自我兴趣潜能的发掘，同时也促进了学校特色建设的可持续发展。

（一）策略方法1：与学校"大环境"主题紧密结合

学校环境素养培育聚焦于"生活中的环境问题"这一大主题，使学生容易找到感兴趣的课题，也能促进学生运用所学知识通过探究和实践来解决身边的各种问题，学会运用科学的思维方式妥善处理环境问题的方法和路径，提高正确解决问题的能力，培养实证意识和问题意识。

因此，学校主要社团的活动主题都是围绕生活中的环境问题开展的。例如，"从两极看全球环境问题""居家养老的可行性分析""农村秸秆焚烧现状研究""滩涂湿地对周边生态环境及气候的影响""红绿灯时间设定与行人违章穿越的关联性研究"等活动主题，让学生深入地观察生活、思考生活，并尝试用所学的知识和技能来分析问题、解决问题。

（二）策略方法2：与跨学科项目化学习相结合

学校环境素养培育注重项目式活动的开展，使单一的社团活动发展为融兴趣活动开展和研究项目任务完成于一体的跨学科学习，让学生在丰富多彩的社团活动中感受任务完成的过程体验，共享目标达成的成功喜悦，使合作、探究成为学生乐于采用的一种学习方式。

例如，"H_2O"水技术与环保社团坚持开展"虬江河水质监测"项目活动，定

期向主管部门提交监测结果和整治建议，促进了虬江河整治工程的启动。其跨学科特点和公共学习空间的综合性功能，催生出了一系列跨学科学习项目，并在实践中不断丰富。该社团被评为上海市"十佳学生社团"。

再如，"新源"绿色能源社团的学生以"太阳能水培植物营养液自动调节装置设计制作"为研究课题，利用 Arduino 技术，制作了一种太阳能供电的能自动检测与调节无水栽培植物营养液浓度的装置，大幅节省了栽培过程中的人力成本。在研究的过程中综合运用了电路、溶液粒子浓度、计算机编程逻辑、加工工具的使用等物理、化学、信息技术、劳动技术等学科知识和技能。该课题获得第33 届上海市青少年科技创新大赛创新成果一等奖。

学校目前有各类社团 26 个，开展了校园气象播报、大气监测、河流水质监测、物候观察、太阳能门牌进社区等丰富多彩的项目活动。

（三）策略方法 3：打通校内外、线上线下资源的连接

社团活动的开展需要丰富的社会教育资源作为支撑，很多社团项目都需要到各种实践基地开展实地探究，并需要得到专业人员的指导。学校的社团项目就是在学校特色兼职教师——同济大学、极地研究中心、上海市气象局、吉博力公司等高校、研究机构和企业的专家与教授的指导下开展起来的。因此打通校内外、线上线下资源的链接非常重要。

以"H₂O"水技术与环保社团开展的"河流环境问题观察"项目为例（见图 1），学校在原有的"虬江河水质监测"项目的基础上，又增加了河流生态系统观察、水中浮游生物检测、水生植物观察等内容，将化学、生物、地理、生命科学、科学等基础学科，与唯美校园"维"美生命、气候与环境、水技术与环保等校本特色课程，以及玩转水世界——水技术与环保慕课等相关联。为了该项目的有效开展，学校连接了校内外创新实验室，如绿动生机实验室（水中浮游生物检测、水生植物观察）、斑马鱼生态监测实验室（利用斑马鱼对水质进行研判）、同济大学环境科学与工程实验室（水体中的微塑料观察），同时开展了线上实时指导和线下实地探索研究，充分满足了学生社团活动的多样化需求。

（四）策略方法 4：深入互动，激活校园"场"效应

在学校特色建设的过程中，形成了"校园即实验场"的理念，把整个校园建

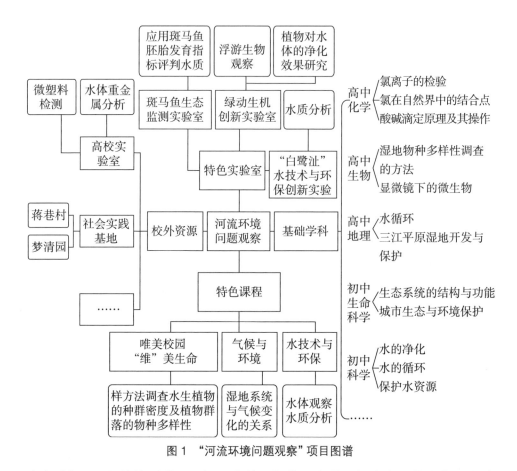

图 1 "河流环境问题观察"项目图谱

成实验场，以释放校园学习空间正式学习与非正式学习的自由切换功能。在建设过程中，学校进一步认识到如果只是建设静态的、单纯物理意义上的"空间"或者"场"，其影响是单向的，发挥育人效能有限。但如果其中的要素能够深度耦合、震荡，激活"场"效应，就能释放出强大的能量。为此，学校以社团建设为抓手，充分利用社团活动的自主性、创造性等特点，通过学生的主动、深度参与，形成内在学习需求与外部环境的良性互动，在激活试验场育人"场"效应的同时也激发社团组织的内在活力。

例如，自主解决湿地小溪的绿藻难题。湿地的小溪到夏季时常因富营养化现象而产生藻类。人工湿地社团的成员通过自主学习探索解决方法，踊跃献计献策，提出多种有效的解决方案，如采用生物方法增加湿地鱼类和螺类、更换湿地水生植物，或是采用物理方法增设循环水泵，改变水流方向等。这样的活动让学生体验到成就感，提升了他们的责任感。

再如，斑马鱼生态监测社团的成员放弃节假日休息，全年不间断地喂养和监测实验样本，维护试验设备的有效运转；水技术与环保社团的成员在"遍走世界观察水"的活动中，应用河流观察方法，观察并采集国内外河流水样，自主丰富试验场的实验样本。

本书著者在 2021 年 9 月对上海市级项目校 2017—2021 年间的特色教育情况开展了自编问卷调查，结果显示：特色教育社团达 324 个、参与学生数 14869 人；在特色领域获得市级以上奖 754 团次、6672 人次；15608 人高考填写特色相关专业，11612 人如愿录取。可见，借助社团，学生的个性化需求得到了有效回应，特色学习与生涯规划开始形成对接。

第三节　凸显参与体验的学生活动

活动是一种课程实施的样态，社团学习本质上也是课程学习活动，具有一定的自发性、分散性和灵巧性。虽然一次社团活动的参与面和影响力有限，但是特色高中建设与特色教育的实施还可以通过举办规模化学生活动来达到扩大学习对象、加深学习体验、营造特色教育文化、传播辐射与影响力的作用。特色教育活动是特色教育重要的载体和形式，如艺术节、戏剧节、创意节、体育节、航海文化节等，都是学校特色教育过程中创造的主题文化节。这些节日的主题和内容序列化、组织实施结构化，且参与学生多、表达方式丰富，能在校内外产生较大影响。

举办特色教育的主题活动已经成为上海市深化特色高中建设的重要经验之一。对已经命名的特色高中，上海均推动学校实施上海高中生主题论坛，迄今已经举办了上海高中生经济论坛、环境素养学习论坛、法治素养学习论坛、航海文化学习论坛等。这些论坛由一所特色高中为主发起，面向上海，辐射长三角。高质量的特色教育活动能增进特色教育的文化，甚至起到课堂教学难以达到的效果，更能让学生尤其是深度参与的学生留下难忘的记忆、埋下从兴趣到志趣的种子，发挥出立体的育人效果。

一、活动设计凸显学生主体

特色教育活动本身具有丰富的育人价值，这个价值要发挥得更充分，则需要科学的设计，其中凸显学生的主体作用是关键。

　　下面以华东师范大学附属东昌中学的学生活动为例进行说明。学校于2009年定位金融素养培育特色，将金融素养培育的内涵融入"三会一有"学生培养目标中。学校的发展思路是：在整体规划中凸显金融素养培育，把它作为培育学生社会主义核心价值观的重要载体，作为培育学生成为现代公民必备素养的重要载体，从而培育学生成为德智体美劳全面发展的一代新人。希望通过"金融素养培育"这个教育支点撬起学生的全面素质提升。学校把学生活动作为特色教育的重要内容和形式。连续多年举办上海高中生经济论坛，面向上海全体高中生广泛发动、长程设计，融学习过程互动与大会交流于一体。经济论坛以学生发展为本，追求丰富性、选择性，注重分层次、有梯度，关注学生能力水平的培养、个性特长的发展和心智人格的成长。旨在纵向链接区域内参与金融教育试点的初中、高中及上海部分以金融为特色的高校，横向联合上海各知名高中的经济类社团，从而建设成上海高中金融教育成果展示的高地。当代中学生站在国家经济发展与转型的制高点上，开展经济与金融热点的讨论，有助于激起学生为金融或经济服务的内驱力。高中生经济论坛活动丰富多样，为全市不同需求的高中生提供了金融素养实践的机会，不同学生在高中生经济论坛中有不同的角色和任务，实现不同层级金融素养的培育目标。[1]

　　另一个案例是上海市枫泾中学，它是一所上海市美术特色高中。学校着力打造具有美的内涵和感召力的学校文化。例如，每年入学初，高年级学生要带领高一年级新生参观校园自然和人文景观，打造出一画一故事、一人一故事等富含特色元素的入学教育材料，这些材料由高年级学生口口相传，周而复始，一届一届的学生在这种主体式的活动中不断厚植感受美、欣赏美、分享美、表达美、创造美的意念，真正达到立美育人的效果。

二、活动实施注重深度广泛参与

　　前文提到，特色高中的特色教育通常面向三类对象、分三个层级，即面向全

---

[1] 选自华东师范大学附属东昌中学2019年总结材料，2022年7月25日引用。

体学生的基础奠基级、面向部分学生的发展兴趣级和面向少数学生的拔尖扬长级。除课堂教学外，能一次性融合承担这些功能的，非特色教育活动莫属。通过举办活动，学生广泛参与、履行不同的角色、承担差异化任务。一次活动的设计实施就是一次各取所需的深度特色学习经历。

以上海高中生经济论坛为例。学校注重引导学生在活动的体验和实践中培育金融素养，学生不单单是课程实施的对象，同时也是课程建设的主动建构者。2012 年第一届学生论坛由当时的学生社团"学生公司"的部分学生自主发起。学校因势利导，同时非常珍视和扶持学生活动的自主性。之后的每届论坛，活动的策划、组织和实施均由学生自主完成。学校学生会外联部主动与有意向的高中学校进行联络，社团部一对一与参与学校的负责同学或老师进行对接，落实活动报名和素材收集等工作，招募学生志愿者、向各参赛学校发送正式邀请函、指导参赛学生完成信息注册和网上测试、确定学生记者团等，大量学生参与会务、解说、接待等组织工作。可以说，高中生经济论坛的生机与活力在于学生积极成为课程的主动建设者，经济论坛是一场以学生为主角的盛会。

不只大量学生参与到论坛的"非专业性"活动中，还有大量学生与教师一起商谈确定论坛的主题，然后围绕主题开展调查研究、撰写论文等。被评选出来的高质量论文，还有机会在最后的大会环节进行主题交流。这种"专业学习"体验是在传统的高中课程学习中难以获得的。学校还组建了"东昌中学金融教育联盟"，把地处浦东新区陆家嘴的多家银行、证券公司等机构联结成学校的金融教育专业支撑资源。在整个活动策划和实施过程中，学生经常与业界精英面对面，获得熏陶。比如，高中生经济论坛主题的确定、学生论文的专业评审、经济论坛主旨报告的高水平呈现，甚至是经济论坛活动专业环境的创设，都会得到"东昌金联"成员和专家的专业指导。拥有 20 家成员单位的"东昌金联"和专业人士的大力支持，使学生活动的专业含金量逐年提升。

第六章

协同与整合打造特色教育资源

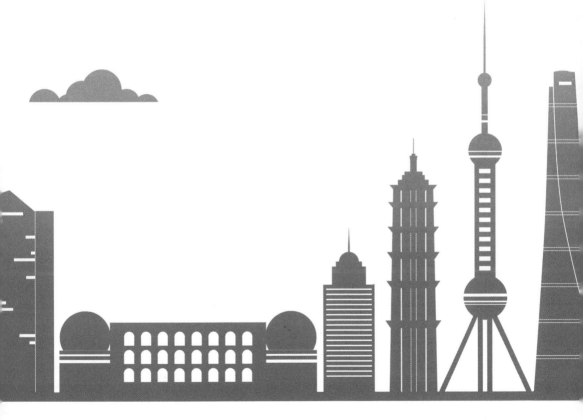

普通高中特色创建离不开教育资源的有力支撑。这种教育资源亦称"教育经济条件"[1]，是指教育过程所占用、使用和消耗的人力、物力和财力资源，是人力资源、物力资源和财力资源的总和。这里的人力资源也主要是指教育人力资源，包括教学人员和教学辅助人员。学校教育人力资源的支撑既有学校的自培式"造血功能"的加强，也包括外援式"输血功能"的加持，内外协同形成资源优势。物力资源则包括学校中的固定资产、材料和低值易耗物品。固定资产分为共用固定资产、教学和科学研究用固定资产、其他一般设备固定资产。学校需要积极主动地开发、拓展和聚集优质的物力资源，以有力支撑起学校的特色创建。

---

[1] 顾明远. 教育大辞典［M］. 上海：上海教育出版社，1998：250.

第一节　专兼群协同的人力资源建设

特色普通高中教育，之所以不同于一般普通高中教育，就在于每一所这样的学校都有自身力求创造出卓越不凡的独特教育品质与风采的发展内驱力。而这种卓越不凡的独特教育品质与风采的打造需要校内外一切教育力量的协同发力，以及保障人力资源充分发挥作用的相关机制的建立健全。

一、教育人力资源的核心是专业胜任力 [①]

普通高中特色发展对卓越不凡的办学品质锲而不舍的追求，客观上要求学校的教师团队，尤其是特色课程的教师团队要具备特色育人的专业胜任力。从项目学校的实践成效着眼，这种胜任力在以下方面有具体的实际体现。

（一）核心素养的领悟力

特色普通高中教育本质上也是基础教育，所以客观上要求特色普通高中的教师准确认识学生发展核心素养培育的战略地位，深入理解学科课程所蕴含的价值观念、必备品格和关键能力的深刻内涵。对于核心素养的准确领悟是特色教育适切到位的必要保证。

特色普通高中的教师在特色育人的过程中必须通透领悟面对的特色课程所蕴含的核心素养究竟指的是什么，明知而力行。华东政法大学附属中学以法治

---

① 胡庆芳.创新实践促进特色普通高中教师专业发展［J］.教育理论与实践，2020，40（17）：27-30.

教育为育人的特色，学校上下明确将法治特色教育直接指向"培养明礼尽责、民主公正、乐学善思、符合未来民主法治社会需求的现代公民"的教育目标，"明礼尽责、民主公正、乐学善思"正是法治教育所追求的核心素养，而不是仅停留在法治专业工作者所需要的专业知识的学习和专业技能的历练上。

（二）特色课程的建设力

学校的育人特色除了在原有的基础型课程中通过合理渗透或适切拓展等途径得到体现外，更多还要依赖于特色课程的专门开发与建设。特色课程的建设是指，在学校顶层设计的指引下，相关教师依托可能的教育资源形成一门门主题的课程，诸多相关的主题课程汇聚在一起最终形成体系化的特色课程群。体系化的特色课程群的建设和形成是普通高中学校践行特色育人走向成熟的标志。如图1所示，上海海事大学附属北蔡高级中学的教师团队就紧紧围绕航海文化教育特色开发形成了"锚"系列课程群，航海文化特色教育蓬勃开展。

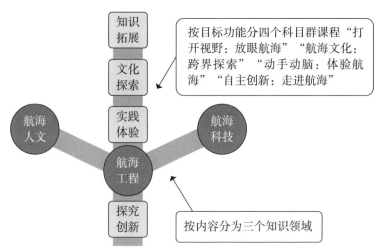

图1 航海文化教育特色"锚"系列课程群

（三）课程教学的创新力

特色育人的内容载体表现为结构相对系统化的校本特色课程，而真正要体现落实到位，并转化为学生内在的特色素养，特色课程还有待于教师在教学过程中创意、创新地演绎和开展，在"双基"达成过程中贯穿核心素养的培育，并坚持将优质教学作为实践常态，循序渐进地打造特色育人品牌。作为特色普通高中学校的一员，每一位教师都需要思考和审视学校打造的育人特色与自己任教学科的关联所在，并自觉在日常学科教学中积极融入和渗透学校特色育人的内容。只有每一位教师都关注学校特色，促使本学科教学与特色相关联，才能最终保障学校的特色育人具有深厚的土壤和各学科协同支持，从而形成合力育人的健康生态。

上海戏剧学院附属高级中学以戏剧教育为特色，语文课尝试以课本剧的改编和展演来促进学生对文本的深入理解和生动诠释；生物课上也以角色扮演的形式把学习到的捕食链、寄生链和腐生链等知识以群演的形式活灵活现，此过程将生物知识转化为富有情境的台词，将概念间的关系外显为角色人物间的关系，学习的过程别开生面；数学课则以相关的知识作为拓展让学生设计合理的剧场座位，以确保进场的所有观众在不同位置都能较好地观赏到舞台上的表演，此过程中剧场既定面积大小和不同座位排列分布之间的关系驱动了数学知识的迁移活用……走进这所特色普通高中的课堂，戏剧教育的元素扑面而来，特色教育在教师们的常态教学中自然渗透和有力凸显。

（四）特色育人的评价力

特色课程的优质践行要成为常态，需要教师在准确领悟特色课程核心素养和扎实培育核心素养的基础上适时评价反馈课程教学的实践成效。同时，专业精准的评价反过来又会有力地促进特色育人持续深入展开。

上海市青浦区第一中学以生态素养培育为特色，为了促进特色育人实践到位和目标达成，学校专门围绕生态素养培育分解细化出了包括多个维度在内的目标，有意识地引导教师对自己或同行的特色教育教学实践进行准确到位的专业评价。例如，知识维度的目标是"了解生态问题，具备环境科学、环境保护等方面的专业知识"，能力维度的目标包括"具备跨学科分析生态环境问题的思维能力"等，情感维度的目标则包括"拥有对生态环境的热爱、保护生态环境的责任以及优化生态环境的愿望"。学校生态素养育人的评价维度及其目标如图2所示。

图 2　教师生态素养育人的评价维度及其目标

　　纵观特色普通高中教师践行特色育人的办学使命必须具备的上述四种能力，不难发现：核心素养的领悟力是前提，差之毫厘，谬以千里，正可谓定海神针；特色课程的建设力是重点，特色教育系列课程群支撑起学校特色育人的愿景蓝图，有道是"巧妇难为无米之炊"；课程教学的创新力是关键，离开设计的创意和离开实践的创新都会让教育的过程退变成"旧瓶装新酒"或"穿新鞋走老路"，故必然要不忘初心，创新驱动，卓越达成；特色育人的评价力是保障，评价见成效，反思促改进，推动特色育人实践螺旋式上升。在发挥各自作用的过程中，首先是对于核心素养培育的通透领悟指引特色育人课程的开发与建设，特色育人的系列课程群呼唤富有创意创新的教学实施，生动活泼的教学实施期待具有实效的反馈评价。如图 3 所示，教师特色育人的这四种能力发挥构成了一种逐层推动展开的过程。

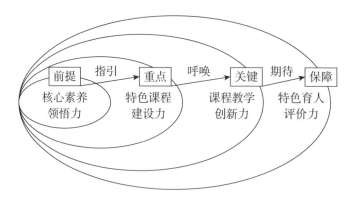

图 3　教师特色育人能力逐层推动展开的过程

二、专业师资培育的机制保障

特色普通高中专业师资的建设是一个促进教师专业胜任力不断提高的过程，而这种胜任力的提高需要各种运行机制的建立健全和优化完善，从而保障促进教师专业发展的各种活动能够顺利有效地开展。

自 2012 年上海市特色普通高中建设启动以来，先后进入特色普通高中建设的 60 所项目学校本着"教师立，则特色立"的教师队伍建设主张，大胆探索，实践循证，建立健全了一系列促进教师专业发展和特色育人的行之有效的机制，打开了师资队伍培育的新局面，营造了促进教师专业持续发展的新气象。各学校已建立健全的实践机制包括如下。

（一）特色育人的共研机制

特色育人是普通高中多样化发展过程中出现的新课题，特色领域优质课程的开发、创新教学的实践以及科学到位的评价等一系列问题往往都不是某一个学科教研组或学校自身的专业力量能够独立完成解决的。因此，常常需要举全校之力，所有学科协同支持，全校教育教学活动形成一盘棋，很多时候还需要校外专业机构加盟助力。所有这些相关人群一起成为学校特色育人的研究共同体，群策群力，集思广益，各显所长，协同攻关。

上海市闵行第三中学围绕学生航空航天素养的特色培育，盘活了区域教育资源，先后与同济大学航空航天与力学学院、上海交通大学航空航天学院、上海市宇航学会、上海市航空学会、上海通用航空行业协会、上海市空间推进研究所、上海航天技术研究院、上海航宇科普中心、上海科技馆，以及中国商用飞机有限责任公司等专业机构建立起交流研讨的工作机制，定期举行航空航天素养培育的专题研讨活动。学校教师在共同研讨的过程中弥补了相关专业知识，打开了特色育人的新视野，不断提升了特色育人的行动力。

（二）开放灵活的参训机制

特色课程的建设以及特色课程的教学都在挑战学校教师的专业积累与历练，教师唯有不断加强学习才能提升自身的专业胜任力。这就需要学校建立起更为灵活的教师参训机制，确保教师能不定期进行"充电学习"，如外出选听专业讲座、参加专题论坛，以及赴大学选修相关的专业课程。与此同时，学校还要为这些行之有效的培训学习活动建立健全相应的学分认定机制，让每一位参与学校特色育人的教师都拥有属于自己学习进修的学分银行账户，方便直接抵扣教师五年内需要完成的相应培训学分。上海市很多特色普通高中项目学校都有计划地创造条件，让部分教师在职攻读与学校特色领域相关的大学学位课程。实践证明，教师在职接受培训与参加专题研讨活动都是专业实践力提升的行之有效的有力途径，机制的创新为教师的特色发展开辟新天地，同时也将学校的教师群体真正培育成"学习型社群"。

（三）动态反馈的促改机制

特色课程建设的规范程度和受欢迎程度、特色课程教学目标的达成情况，以及学生经历特色课程学习之后的特色素养综合表现等，都需要学校有基于明确清晰的素养标准的评价以及定期的问卷调查予以科学全面的反馈。这些动态的反馈结果将直接推动课程完善和教学优化，从而更好地促进预期特色育人目标的实现。

上海财经大学附属中学以财经素养为学校的育人特色，研制开发了学生财经素养评价表，比较全面和明确地反馈了学生财经素养的阶段达成情况。学校教导部门组织相关人员进行评价，评价结果体现的某些不足直接反馈给实施特色课程的相关教师，一并成为这些教师进行研讨活动时重要的反思和研讨内容，并寻求积极的改进。例如："识记"维度主要包括"财经通识知识的掌握、金融风险的防范以及家庭理财的常识"等；"理解"维度主要包括"知道日常生活中一些经济行为的意义"等；"简单应用"维度主要包括"合理处理日常生活中的一些开销"等；"综合应用"维度主要包括"参与模拟金融实验活动，学以致用"；"创见"维度则包括"针对相关金融专题进行调查研究，并形成报告"。

（四）政策倾斜的扶持机制

普通高中特色育人，从特色课程建设到教学创新实施再到科学评价指标建构等各项工作，无不需要学校参与的教师全力以赴、博观约取、反复实践探索和科学求证，需要付出比其他教师多得多的时间、精力和智慧。因此，学校需要在项目经费支持、进修访问交流、先进荣誉评选以及专业职称晋升等方面，为在特色育人方面贡献良多和业绩突出的教师予以政策倾斜，为他们争取更大的发展空间和更大的展现舞台。同时，还要积极争取上级主管部门的支持，争取到特色学科教师的足够编制，在此过程中逐步建立起学校特色育人的人才高地。

上海市崇明区城桥中学以艺体科融合为教育特色，在多年的探索实践过程中积极争取各种支持、创造各种机会，艺体科特色教师的编制名额得到较大提高，其中艺术教师 42 名、体育教师 19 名、科技教师 5 名，总共达到了 66 位，占全校教师总数 158 位的 42%，强有力地支撑起学校的特色发展。

三、专业师资建设的模式创新 [①]

特色普通高中专业师资的建设，不仅需要学校自培优势的不断加强，同时也需要外援支持的模式创新，两者相互协同，才能比较明显地改善学校专业师资的发展生态。从当前上海市特色普通高中 60 所项目校的实践来看，专业师资建设的模式主要有五类。这五大模式在比较明显地平稳发力，让学校教师不断超越自己的过去，不断激发自身的潜能，不断优化学校教育人力资源结构，最终实现学校教师团队特色育人使命的有力践行。

（一）文化引领模式

学校通过优秀的办学文化传统的传承，以及与时俱进的教育观念和教师文化建设，让全校教师熏陶浸润其中，思想认识不断提升，教育境界渐进升华。优秀的学校文化是广大教师无处不在的精神给养，文化育人，其充实丰盈的精神内涵就像高高飘扬的先锋旗帜召唤着教师群体朝着美好的教育愿景矢志不渝地前行。华东师范大学附属天山学校以生命教育为育人特色，同时积极营造"生命放光彩"的教师文化，潜移默化地引导教师热爱生命、尊重生命、享受生命，为生命注内涵，让生命放光彩，做最好的自己，成就大写的人。以"教育就是一个精

彩的生命去唤醒一群生命的精彩"的精神信念重振了全校教师的精气神，鼓舞广大教师智慧而艺术地演绎每一天教育的千姿百态。

（二）制度助推模式

学校通过建立健全各种行之有效的制度，规约教师专业发展的要求、保障教师专业发展的权利和机会、激发教师专业发展的内驱力，以"制度的张力"助推全校教师可持续的专业发展。上海师范大学附属嘉定高级中学以弘扬师道教育文化为追求，积极吸纳和借鉴教育部发布的《中学教师专业标准》，探索设计校本化的学校教师专业质量标准，拟从专业精神、专业能力和专业活动三个板块予以架构。其中，专业精神整合国家版中的"专业理念与师德"，包含专业理念和职业道德；专业能力具体细分出学科能力和育德能力，使得能力的两大类别清晰可见；专业活动则从个体研修和集体攻关两个方面进行了概括。课程开发、跨学科以及专题研究等指标既是专业活动中的重要内容，同时其内容又与学校特色育人紧密关联，在准确反映教师日常专业活动实际的同时，也有效增强了教师专业质量评价的可操作性和可循证性，有力促进了全校教师专业育人质量的提升。

（三）任务驱动模式

任务驱动就是在特色育人的使命面前，给教师分配需要研究完成的项目，压担子，以压力激发动力，以挑战激发智慧，驱动教师行走在个人能力的边缘，"在游泳中学会游泳"，在实践躬行中锻炼能力和积累智慧。在上海市特色普通高中建设过程中，大多数学校都确立了各种校级项目或课题，组织教师积极广泛地参与其中，驱动广大教师在特色课程教学实践的过程中进行研究，在研究的状态下展开特色育人实践，不断地在"理论"和"实践"之间来回穿行，在此过程中成长为具有卓越专业实践力的专业骨干和学校特色育人的行家里手。

（四）技术赋能模式

技术赋能是指借助现代科学技术手段高效率地表达教育教学相关的内容，并高质量地引导学生的学习，同时还实现对教师日常教育教学行为信息的全息记录，并运用科学分析技术发现数据背后的教育教学意义和价值，分析诊断存在的不足，形成有针对性的处置方案并及时引导改进，从而有力促进教师专业素养的提升。华东理工大学附属闵行科技高级中学依托现代信息技术建设起了智慧教室和智慧课堂，实现了对全校师生课堂行为信息的实时动态收集，各个教研组根据不同的教研主题调取相关关键数据的统计报告，全面细致解读数据，诊断研判教师课堂教育教学行为的得失，集思广益汇聚多种可能的优化改进方案，有效提高校本研修的科学性和精准度，有力促进了广大教师教育教学水平的提高。

（五）外援输入模式

外援输入就是学校为了更好地践行特色育人的目标，积极主动地与大学院校或专业研究机构建立项目合作的关系或特色育人的联盟。依托项目或联盟，可以促使校外教育人力资源源源不断地进入学校，支持本校特色课程的专业建设和特色育人的创新实践，从而有力弥补学校专业教育人力资源的不足，并在互动交流的过程中带动本校专业师资的发展和提高，有力配合学校自身"造血功能"的提升。

正是上述多样化、行之有效的师资队伍建设模式的积极实践，有力促进了本校特色专业师资素养的长效提升和校外特色专业师资的有机融入，同时也积极影响着全校非特色专业师资的特色通识素养的渐进养成。一支专兼群的师资队伍在此多样化的建设模式实践中逐渐角色到位、相互协同，形成特色育人的合力。

第二节　物力资源建设与支撑

一、物力资源需求分析

教育物力资源伴随教育理论与实践，不断积累着、扩展着、丰富着自身精神的和物质的内涵，成为我们今天的教育事业得以生存和发展的基础和土壤。随着信息技术的发展，教育物力资源在实践中日益呈现出类型的多样化趋势。比如，教育物力资源与网络平台进行了有机的结合，新兴的网络教育社区、教育博客、校园网、在线教育等平台，已将学习资源在网上进行了共享，打破了传统意义上的时间与地域的分隔，形成了人人皆学、处处能学、时时可学的不同于以往的学习时空。

教育物力资源作为一种社会资源，一般认为其具有公益性、产业性、时代性、继承性、流动性和差异性。公益性是指教育物力资源的投入使用方式要确保公众受益，这也是人们从利益归属和资源配置等方面对教育运行规律的基本概括。公益性是教育本质的根本体现，也是教育物力资源的核心价值所在。教育物力资源的产业性是指教育的物质属性的客观特征，它是与工业经济的发展、知识经济的出现，以及教育内容和教育模式的变化紧密相关的。教育物力资源的时代性是指教育理念、教育方针和教育价值观念等通常直接体现当代人们的人生理想和追求，是社会对人发展的期待。继承性是指教育物力资源不是现代人独有的发明创造，而是伴随着教育的传承，一代一代承继而来的，也是古今中外千百年来教育实践经验的总结和许多先行者教育理论思维的结晶。教育物力资源的差异性是由社会经济发展的不平衡所造成的资源分布的不均衡性、管理体制和供给方式的差异性。由于社会对人才需求的信息不对称等原因，教育物力资源的差异普遍存在于人类教育的各个层面、各个角落，构成了教育行为过程和效果的差异。教育物力资源的流动性是指物力资源本身的不稳定性，如经费资源、教育设备设施资源的流动等。

本节所论述的教育物力资源除了具有上述一般特性外，更多地凸显了公益性和时代性。公益性要求特色高中教育物力资源的建设和使用除保证师生受益外，还需要具有一定的辐射引领示范效能，惠及周边区域。新时代要求高中学校形成多样化、特色化分类的发展格局，要求切实转变高中育人方式，对培育德智体美劳全面而有个性发展、担当民族复兴大任的时代新人充满期待。因而，原有的教育物力资源建设需要根据新时代的育人要求进行扬弃，需要更加注重在与各种先进技术（如信息技术、人工智能、新材料）的融合中更新换代，得到大力拓展和提质，从而支撑新时代育人目标的实现。

（一）转变高中育人方式需要大量的教育物力资源支撑

转变高中育人方式是国家对所有普通高中的既定要求和期望，也是特色高中首先作为普通高中的应有之义。构建全面培养体系、优化课程实施、创新教学组织管理、加强学生发展指导、强化师资和条件保障，这些改革要求的实现只靠高中学校自身的力量和资源是远远不够的，学生也不会只在校园的环境中学习就能全面发展、增强综合素质。为此，《国务院办公厅关于新时代推进普通高中育人方式改革的指导意见》（国办发〔2019〕29号）在拓宽综合实践渠道中专门强调要"健全社会教育资源有效开发配置的政策体系，因地制宜打造学生社会实践大课堂，建设一批稳定的学生社会实践基地。充分发挥爱国主义、优秀传统文化、军事国防等教育基地，以及高等学校、科研机构、现代企业、美丽乡村、国家公园等方面资源的重要育人作用，按规定免费或优惠向学生开放图书馆、博物馆、科技馆、文化馆、纪念馆、展览馆、运动场等公共设施。定期组织学生深入社区、医院、福利院、社会救助机构等开展志愿服务，走进军营、深入农村开展体验活动"。

因而，高中育人方式改革意味着育人不再仅仅是学校的义务，而是全社会都有的责任。所谓"三全育人"，即"全员育人、全程育人和全方位育人"，都需要我们改变传统的育人理念，善于挖掘和利用好与学生未来生活、工作和学习相关的教育物力资源的价值。学校作为育人的主阵地，更加需要从"三全育人"的角度出发，思考和统筹开发教育资源，确保"三全育人"理念能依靠相应的教育物力资源载体落地实施。

由此，高中学校改革育人方式对教育物力资源的需求是迫切的，也是巨大的。教育物力资源的开发、提供和利用，既是对高中学校的要求，也是对政府、企事业单位、教育机构、社会团体等的要求。特色高中在朝育人方式改革前进的道路上，需要更加主动作为，以自身的育人需求为本，开发利用好一切教育物力资源。首先要做的就是主动统整学校、家庭、社会的各级各类教育资源，立足自身需求，形成资源共建、共享的共同体平台。而后通过平台开发、汇聚来提升教育物力资源的数量和质量。学校只有得到满足自身育人需求的各种教育物力资源的支撑，才能使全面培养体系真正落地，实现育人方式改革的预定目标。

（二）特色教育需要建设、拓展和积聚优质特色教育物力资源

除了作为普通高中需要按照国家的要求改革育人方式外，特色高中还需要增强自身发展的特色，并将特色融入学校的育人目标中，从而培养出实践能力佳、综合素质强且有明显特色烙印的高中毕业生。特色培育除了打造教育资源共同体平台，通过多种方式融通各类社会教育资源外，特色高中学校还需要建有与特色培养目标相一致的各种类型的创新实验室。

特色高中的特色教育需要建立在深厚的特色教育资源基础之上。可以说特色高中之所以不同于一般普通高中，拥有深厚的特色教育资源就是其最重要的标志之一，也是其之所以能称为特色高中最大的底气和资本。特色教育资源的厚度和优质程度，决定着普通高中特色的亮度。因为有了特色教育资源，才可以在此基础上形成一支特色教师队伍，开发和实施特色课程，形成特色教育育人的校园文化氛围，培育出一批又一批打上特色烙印的合格高中毕业生。

另一方面，特色教育资源也是特色普通高中特色育人核心竞争能力的体现，且特色教育资源一般难以在短期内形成，也很难复制。从上海特色高中建设发展的历程来看，特色资源的形成都是在学校长期的办学实践中，汇集多方力量，持续努力投入、逐步积累，从点到面，再从单面到多面，最后再形成多层面、立

体化的特色教育资源。毫无疑问，高中特色教育对资源的需求是很大的，而且往往这些资源具有很强的专业性，也是非常稀缺的。这只靠学校自身的投入和积累是远远不够的，必须借助和整合各方面教育资源的力量，形成合力，建立有效的工作机制，共同打造教育资源共同体。同时，特色教育资源建设也是一个不断发展和提升的过程，在这个过程中学校要努力做到人无我有、人有我优。因而它也是动态的不断彰显特色的发展过程。

鉴于特色高中对教育物力资源的需求巨大、质量要求高，且教育资源存在稀缺性和独占性，在实际使用中存在经济性，因而特色高中的特色资源建设必须以需求为根本，建立有效的共享机制与平台，不断开发、拓展和积聚优质教育物力资源，从而满足全面育人、特色育人的需求。

二、打造特色高中教育资源建设共同体平台

特色高中教育资源建设包括两个方面：一是切实改革育人方式所需的教育资源，二是开展特色教育所需的特色资源。在实践操作中，特色高中需要把这两方面的需求融合在一起统筹规划和建设。教育资源的开发与建设具有很强的专业性，而且在建设阶段需要经费和人力投入，在资源管理、更新发展阶段需要运营和维护成本，门槛较高，高中学校不可能也没有必要独立建设所需的所有教育资源。比较切实可行的是，在明确自身育人需求的基础上，对于比较重要、急需、常用且外部稀缺，能在育人中发挥关键性作用的资源，高中学校要考虑结合自身的优势，与专业机构合作，重点投入和建设，建设专属的核心特色教育资源，比如体现特色的各类创新实验室。对于相对重要、时常要用且外部有资源提供，自身建设投入有困难的资源，则可考虑与外部社会机构签署长期合作协议，共享共建所需教育资源，确保能够根据自身育人需求及时使用。对于一般的偶尔要用且外部比较成熟的教育资源，则可考虑签署外包协议，通过租赁或租用的方式保证育人过程中的使用。无论采取哪种方式建设教育资源，特色高中均需要打造教育资源共同体，形成有效的工作平台和机制，使得特色育人有可靠的物力资源载体。

特色高中教育资源共同体的建设没有固定的模式，一般与学校所处区位文化资源禀赋、学校办学理念、发展目标和发展阶段等因素密切相关。从上海特色高中教育资源共同体的构建来看，可供选择的共同体对象主要有上级教育行政主管部门与地方政府、国外机构和学校、学生家长、校友、街道社区、同类型学校、大学、企业、科研院所、社会教育机构、文化旅游景点、各类场馆，等等。由于高中学校与上级教育主管部门具有行政隶属关系，因而高中学校特色资源的建设必须得到上级教育行政部门的认可和支持，这是建设教育资源共同体的前提和基础。对于其他资源对象，特色普通高中学校可以采取与各个资源对象签订合作协议，建立资源长期交流合作机制，也可以建立统一的正式组织，形成稳定的教育资源共享依托。

（一）取得教育行政部门和地方政府的认可与支持，结成教育资源建设紧密共同体

从上海特色高中教育资源的建设来看，上级教育行政部门和地方政府对特色普通高中教育资源的建设具有基础性和决定性的作用，特色高中首先必须紧紧依靠教育行政部门和地方政府。一是教育行政部门和地方政府可以帮助解决特色高中发展急需的场地设施、设备等硬件资源，比如校舍的翻新和重建、创新实验室的规划和建设等；二是教育行政部门和地方政府可以帮助解决特色高中在资源建设过程中遇到的体制机制束缚，给予政策上的特殊扶持和弹性空间，比如因教师结构失衡造成急需的教师难以引进的问题，绩效工资分配的优化等；三是教育行政部门和地方政府可通过持续的资金和其他资源的源源不断投入，使特色普通高中教育资源的建设获得持续推进；四是教育行政部门和地方政府可以帮助协调区域教育资源，形成合力，支持学校教育资源的建设，加速资源的汇集和积累；五是教育行政部门和地方政府可以在特色学校资源的建设中给予有针对性的指导，帮助出谋划策，指明方向和牵线搭桥。

同济大学附属第二中学是上海市普陀区一所以理工为特色的完全中学，在特色教育资源建设中积极取得教育行政部门和地方政府的认可与支持，获得了源源不断的资源和经费投入、政策支持和专业指导，使得学校特色教育资源快速积累和发展，稳步推进了学校特色创建工作。首先，争取区政府、区教育局和街

道领导的关心与支持。普陀区委区政府、普陀区教育局、长寿街道高度关心学校的特色建设，各级领导多次莅校指导，听取学校汇报，帮助学校解决实际困难。比如，在人事编制上予以特殊倾斜，特别是在特色教师的引进上开放绿色通道，帮助学校解决落户和待遇问题，并提供了人才公寓，解决青年教师的后顾之忧。其次，取得社会教育资源和专业机构的支持。普陀区教育局除保障办学经费和特色发展专项经费外，还积极引入区优质社会资源，支持学校的理工特色建设。区教育学院也多次组织教研员，深入学校开展教学视导，帮助学校提升教育教学水平。再次，区教育局以发展性评估指导学校特色建设。普陀区教育局于2018年5月对学校进行了发展性督导，对学校过去五年的发展进行了全面评估，并结合评估发现的不足，对学校创建理工特色给予了全方位指导。最后，争取上级部门大力追加对理工特色项目的专项经费投入。2017年，区特色高中建设专项经费有205万。2018年，有市教委"高中个性化学程"专项经费20万，区特色高中建设专项经费增加到213万。此外，普陀区科委、长寿社区基金会等机构也提供了金额不等的特色项目经费。这些经费全部投入到与特色建设相关的课程建设、学生培养、教师培训、设施设备更新等项目中，学校特色创建稳步推进。①

　　上海市香山中学是浦东新区一所以美育为特色的完全中学，在教育行政部门和地方政府的认可与大力支持下，对学校特色建设的硬件基础设施进行了大规模的投入，为推进美育特色教育打下良好的基础。首先是争取到上级教育行政机构大量的特色建设经费投入。据不完全统计，五年来上海市教育委员会和浦东新区教育局下拨学校用于特色建设的经费达1400多万元。特别是2017年暑期，区教育局投入了大量的人力和物力对学校校舍场地、设施装备、专用教室等进行追加建设，以更好地打造学校艺术人文氛围，彰显校园的特色风貌，满足更多特色发展的功能需求。2018年学校有自有资金加上级给予的特色经费共计300多万元用于学校的特色推进。一是通过改建使学校整体环境更加美观，设施设备更加完善；二是升级绿化、雕塑、展板、画廊等艺术载体，使艺术环境更加富有内涵，进一步增强了环境育人的功能；三是开展一系

---

① 本部分内容根据同济大学附属第二中学特色高中2019年自评报告及相关材料整理改写而成。

列特色活动，如"香山杯"绘画比赛、学生外出写生、师生作品展览等，提升了师生的艺术素养，进一步扩大了学校的知名度和辐射影响力。其次是争取到浦东新区教育局投入近 2 亿元对香山中学的校舍进行全面改建。改建工程的主要目标是提升香山中学的校园环境，改善硬件设施水平，为香山校园注入焕然一新的艺术风貌。改建方案在保留原有建筑面积 $2100m^2$ 的基础上，对地面的建筑面积进行功能优化和新增建筑面积，改建后的总建筑面积达到 $34031m^2$。设计师的整体理念是把以美术为特色的香山中学打造成一个"艺术的容器，活动的绿坡"。将所有的艺术类相关资源统一放到综合大楼，这个艺术的容器包括大师工作室、美术教室、办公室、艺术库房、艺术创意实验区、校史、剧场、图书馆。改建后，学校美术教室容量扩增到 14 间，每间 $100m^2$；食堂扩容至 $3200m^2$，厨房可为 1100 位学生备餐送餐，餐厅可满足 1100 人同时就餐；学生宿舍改造后将为学生提供近 304 个床位；剧场可容纳 500 人；教师办公室将扩大到 11 间、大师工作室 5 间；艺术创意实验、艺术库房和校史展示分别有 $1427m^2$、$500m^2$、$1000m^2$。扩建还会利用地下建筑面积 $2500m^2$ 来新增车库和艺术库房，从而优化地面地下整体环境。[①]

由以上两个学校的特色教育资源建设可以看出，上级教育主管部门和地方政府对特色高中教育资源的建设具有决定性的影响，特别是在硬件基础资源和校园环境资源的建设中，直接控制或决定着教育物力资源建设的关键进程。这类特色教育资源的建设一般都投资大，建设周期长（需要 1—3 年），而且需要政府相关部门审批与许可，只有依靠教育行政部门和地方政府支持才能完成。因而特色高中教育资源建设首要的任务是取得上级教育主管部门和当地政府的认可与支持，与之结为紧密的共同体，打造基础性平台。这样，特色推进工作才可能顺利扬帆起航，进入发展的快车道。

（二）签订合作协议构建教育资源共同体

除了上级教育主管部门和地方政府外，特色高中还需要与其他相关机构构建资源共同体，合作建设教育资源。由于合作对象之间没有隶属关系，因而双方

---

① 本部分内容根据上海市香山中学 2019 年自评报告及相关材料整理改写而成。

一般都通过签订协议的方式，来明确合作过程中彼此的权利与义务。从上海市特色高中的教育资源建设来看，合作协议中关注的方向主要有以下几方面。

一是教育资源建设经费的投入与用途，比如校友会的捐款、国内外机构的捐助等款项如何使用；二是借助合作方优质而专业的教育资源，对学校的教师队伍展开专业培训和指导，促进教师的专业发展，为学校培养优质的师资人才，比如在学校为教师开展讲座报告，或者组织教学研修和专题指导；三是合作方派出专业人员直接在学校开设特色教育课程，为学校师生进行授课；四是合作方为学校的特色教育提供实践基地、体验场馆，指导学生进行职业生涯规划，开展研究性学习等；五是合作方提供专业的技术和服务，帮助学校建设创新实验室等核心特色教育资源，并培养相关教学和运营管理人才。

上海市崇明区城桥中学是一所以艺体融合为特色的高中。为了发展特色教育资源，学校以自身的需求为依据，通过签约的方式，与社区、高校合作，并挑选建立了一批大融合实践基地，形成了自身独特的教育资源建设共同体平台，在艺体融合特色培养上取得了明显的成效。学校依托新高考创造的素质教育空间，以艺术、体育为主要突破口，将科技素养与艺术魅力、体育文化紧密融合，把普通的生源培养得不普通，本科上线率每年均超过90%。具体做法主要有以下几个方面。[①]

一是与社区签约合作建设实践基地。城桥中学专门成立了社区合作领导小组，建立了志愿者服务类和社会实践类校级社区实践基地，出台了城桥中学学生社区实践活动方案，进一步完善了学校与社区的合作机制，充分发挥社区资源在特色创建中的作用。学校共签约了13个学生社区实践活动单位，志愿服务类社区资源主要有：崇明中心医院、南门居委、西泯沟居委、怡祥居居委、港沿敬老院、堡镇敬老院；社会实践类社区资源主要有：崇明图书馆、崇明博物馆、崇明科技馆、崇明规划展示馆、崇明美术馆、城桥镇学生社区实践指导站、庙镇学生社区实践指导站。

二是与高校签约全面合作。创建上海市特色普通高中以来，学校为了更好

---

① 本部分内容根据上海市崇明区城桥中学特色高中2019自评报告及相关材料整理改写而成。

地做大做强特色品牌，先后与华东师范大学、上海戏剧学院、上海体育学院和上海交通职业技术学院签订了教师培训、实践示范、专业指导和人才输送等方面的合作协议，建立了长期合作机制。双方就艺术设计专业、戏剧教育专业、田径中长跑专业和板球专业达成合作意向，坚持资源共享、责任共担、人才共育、特色共建的指导思想，学校优先享受高校提供的先进理念、课程培训、实践示范和专业指导。同时，学校借力与东华大学服装与艺术设计学院、上海师范大学美术学院和上海应用技术大学艺术与设计学院的合作，建立教育实践基地。学校还聘请华东师范大学、上海师范大学、上海戏剧学院、上海应用技术大学、上海市乒羽中心、上海田径运动中心、上海书画院等单位的教授和专家来校进行定期和不定期的指导讲学，为适性育人提供强有力的专业支撑。学校艺体科融合、适性育人的发展成效引起了多所高等院校的关注，2019 年上海应用技术大学、景德镇陶瓷大学与学校签订了人才输送协议，学校被命名为这两所大学的优秀生源基地。

三是与社会机构签约建设课程基地。城桥中学注重特色课程基地的建设，已有 13 个市内外大融合课程基地和 3 个市外中长跑训练基地。每年暑期的"我心绘我家，我心颂中华"是学校艺体科高度融合的大融合课程。为了提升学生的艺术感知力和表现力、强健学生的体魄、锤炼学生的意志品质，培育学生务实的科学态度、严谨的科学方法，培养学生爱家乡、爱祖国的情怀，学校专门建立了市内外的课程基地。在崇明岛内挑选了具有家乡文化艺术特征的崇明学宫、西沙湿地、陈干青故居、西来农庄等；在市内精选了具有历史文化底蕴的中共一大会址、朱家角古镇、田子坊、外滩城市建筑群等；在市外遴选了具有江南古风遗韵的江苏木渎，浙江丽水、仙居和余姚，安徽歙县等。为了增强体育运动员的心肺功能、提高运动成绩，学校为中长跑队精心挑选了三个基地，每年冬季安排在云南玉溪训练基地和楚雄训练基地，夏季在河北正定训练基地。借助基地的独特气候优势和专业设施，与当地运动团队开展联合训练。

上海市甘泉外国语中学是普陀区一所以"日语见长、多语发展、文化理解"为特色的普通高中。借助在语言方面的特长，学校既积极开拓国际资源，与院校合作，又服务于社会，打造教育资源共同体平台，走出了以特色促特色，不断升级特色资源发展和建设的良性循环之路。其具体做法包括以下几方面。①

　　一是利用特色专长参与和拓展国际教育资源。学校已同日本、美国、英国、德国、法国、意大利、芬兰、韩国、俄罗斯、澳大利亚、加拿大、泰国等多个国家的三十多所大中学校签订友好合作协议，每年接待来自世界各国的友好交流团体数十个，平均达一千多人次。二是参与和支持政府交流项目。多年来学校凭借在各项活动中展现的特色影响力、师生出色的表现力、高质量完成任务的执行力，获得了多项政府交流与合作项目的信任、青睐与支持。如 AFS 国际交流项目合作校、中国高中生赴日访问项目等。2015 年学校成为上海市首批中小学非通用语种实验学校，正式开启泰语课程推广合作项目。三是与大专院校合作建设教育资源。学校将高校优质教育教学资源引入校园，为学校教育教学注入专业的动力与活力。例如：上海外国语大学与学校签订了研究生实习基地合作协议，定期选送优秀的多语种专业研究生来学校接受实习与培训；学校与上海财经大学开展合作，成为上海财经大学自主招生优秀生源基地学校；与华东师范大学教育学系在教学科研、教育实习等方面开展合作。四是与企业合作，建设教育资源。学校与日本共立国际交流奖学财团、日本 CASIO 有限公司、日本好侍食品株式会社、日本三井公司、德国大众等企业开展合作，为学校提供赛事赞助、职业体验、赠送书籍、开设图书室、开展教学研究等。学校"美丽成长计划"实践体验课程正是依托了中欧工商管理学院的学员所属的企业资源，开展了系列课程联合开发与合作。如今学校已经拥有了一批支持特色课程建设的校外资源和各界伙伴。五是整合家长资源。引导家长结合自身优势为学校教育提供专题课程和见习资源支持，为学生提供企事业单位机构参观学习、调研考察以及进行志愿者服务的机会；把家长请进学校，参与校本课程开发、食堂和校服招标、学生帮困等工作；建立家长讲师团，开展主题教育讲座等。让家长委员会全方位地参与学校的决策、监督和评价。

　　随着特色教育资源建设的进一步深化，甘泉外国语中学逐渐从物力资源保障走向功能优化升级。一是建设新的教育硬件载体资源。学校开发了"一

---

① 本部分内容根据上海市甘泉外国语中学特色高中 2018 年自评报告及相关材料整理改写而成。

馆五中心"特色场馆之一的"创智学习中心"，并于 2017 年正式揭牌投入使用。以此为空间载体的"和我一起读红楼""机器人创新课程""走进经典与大师"等创智类课程也应运而生。同时，这里也成为中外师生体验多元文化、开启创新智慧、共享实践成果的学习场。新的硬件资源已经成为传承、弘扬、创新学校文化的空间载体。二是建设新基建项目。在区教育局的关心支持下，预算 1.2 亿的学校操场地下工程改造项目被纳入区教育局年度重点工作计划，该项目可大幅度增加学生体育运动场地面积，使学校在特色发展的硬件环境建设方面又向前迈进一步。三是与院校项目合作提质升级。学校与华东师范大学、上海师范大学、上海财经大学、上海外国语大学等高校签约成为交流展示基地学校或优秀人才推荐基地；学校多次承接华东师范大学团委引进的荷兰交流项目、上海师范大学引进的英国校长团交流项目以及澳大利亚教师实习项目，又与北京外国语大学开展交流并达成合作意向。四是国际交流项目得以深化和拓展。除了长期合作国际交流项目外，学校又先后与韩国驻沪领事馆的韩语援助项目签约，与意大利、法国三所学校签约，与英国汉布尔体育学校签约体育专项合作项目，开展与新西兰旺格努伊学区和澳大利亚墨尔本凯斯博学区的深度合作交流。同时还争取到中法百校项目基金、中日韩千校基金、德国墨卡托基金等多个海外政府组织与教育机构的支持。特别需要指出的是，区别于一般外事交流的"走一走""看一看""聊一聊"，学校的国际合作资源真正做到了与课程深度融合，与实践体验深度融合，与学校特色发展深度融合。总之，多元、开放、包容、个性的学校文化为特色建设资源的汲取与整合提供了广阔的空间，它已经成为各类优质资源融合、吸收、迭代与辐射的重要功能载体。

需要特别指出的是，特色普通高中在与高校的合作中，有一类学校具有先天的优势，它们本身作为高校的附属中学，天然地能够与高校建立更为紧密的合作关系，高校也乐意给予全面的教育资源支持，甚至学校的特色教育资源建设都被高校纳入日常工作内容进行考核。上海理工大学附属中学就是一所这样的学校，它以工程素养为特色，背靠上海理工大学，与大学各院系全面对接，形成高度融合的资源共建共享平台，特色教育资源建设走入快车道。具体做法主要包括以下几方面。①

首先，大学与中学共同创设一系列高度融合的运作机制。一是上海理工大学为附属中学的学生开放大学实验室和场馆设施，为附中学生提供"工程实训"基地和社会实践活动基地，实现资源共享；二是共建附中创新实验室，上海理工大学机器人与人工智能研究院、机械工程学院、材料科学与工程学院、医疗器械与食品学院、环境与建筑学院、管理学院等与附中共建创新实验室，共同开发创新实验室课程，提供学术支持；三是与附中教师结对，培养附中特色教师团队，帮助附属中学教师提升学历水平，每年给予附中教师高一层次学历深造的名额；四是为特需生培养提供指导，培养"工程素养"创新人才；五是开设"尚理讲坛"，邀请专家学者报告科普工程科技、前瞻科学前沿；六是设立"上理之星"专项奖学金和"教师创智奖"专项基金，奖励附中优秀师生；七是建立专项培训基金，支持教师到国外游学；八是建立"未来人才创新素养"培育机制，探索人才培养的路径。

其次，上海理工大学还给予学校教师特殊政策，鼓励教师积极提升学历水平，每年给予附属中学推荐 1 名"申请考核制"博士生名额、1 名单考硕士研究生名额，允许报考上海理工大学研究生并录取的附属中学教师优先选择研究生指导教师。

（三）建立多方合作的协调组织机构，汇聚特色教育资源

建立多方合作的协调组织机构，统筹学校特色教育资源的规划、开发和建设，汇聚特色教育资源，也是上海市特色高中采取的有效策略之一。这方面华东师范大学附属东昌中学特色资源建设的经验和做法值得借鉴。

华东师范大学附属东昌中学是浦东新区一所以培育学生"金融"素养为特色的普通高中，地处陆家嘴金融区。考虑到自身是大学附属学校和所处的区位优势，依托华东师范大学和陆家嘴金融区自然成为东昌中学发展与实现办学目标的重要策略。一方面，华东师范大学的人力资源、信息资源能够为学校的发展出谋划策，为教师专业能力的提高和学生学习需要服务；另一方面，陆家嘴金融区

---

① 本部分内容根据上海理工大学附属中学特色高中 2019 年自评报告及相关材料改写而成。

有着极为丰富的金融实践资源、人才资源，通过开放办学区域，实现联动，能为学校金融素养课程的开发与实施提供保障，更为具有特殊需要的师生的金融专业发展提供支持。

学校在构建特色教育资源平台的过程中，于2012年创造性地组建了东昌中学学生金融素养培育区域联动组织，简称"东昌金联"（如图1所示）。"东昌金联"的成员单位包括政府机构、金融机构、高等学校的经济与金融类学院，以及金融企业主题博物馆，而东昌中学为秘书单位。"东昌金联"汇集了金融领域一批知名的高校、企业和场馆教育资源，是稳定的金融素养培育区域联动组织，成为东昌中学金融素养培育的可靠资源共同体平台。"东昌金联"的宗旨是"培育和提升东昌师生的金融素养"，设有东昌中学学生金融素养培育区域联动组织简章、东昌中学金融素养培育区域联动组织工作内容备忘录和东昌中学学生金融素养培育区域联动组织成员单位邀请加入函（登记表）。各成员单位对东昌中学为培育和提升学生金融素养所开展的各项活动进行专业指导并给予积极的支持，东昌中学对各成员单位开展的金融知识及文化等的宣传活动给予全力配合并积极参与。其组织方式是，由东昌中学委派专人任"东昌金联"秘书长，相关单位以自愿的方式由东昌中学邀请加入，成员单位委派专人任"东昌金联"项目负责人，负责相关事宜。"东昌金联"定期召开会议，互通金融领域的新热点，探讨金融素养培育的渗透点，并就具体的金融特色课程和活动展开深入讨论。每年召开会议，成员单位为学校的课程实施和实践活动提供专业性指导，并提供金融实践基地。通过"东昌金联"组织招聘学生金融素养培育志愿者，一方面为金融核心层课程的教学提供资源支持，另一方面对学有所爱的教师和学生提供个性化的辅导。外聘兼职教师涉及高校、企业、校友等多方专家和教师。稳定的兼职队伍建设，为特色课程的开发、设计和实施提供了专业指导，是课程实施的坚强后盾。另外，校友资源、社区资源都为学校金融特色培育提供了有力的帮助。[1]

---

[1] 本部分内容根据华东师范大学附属东昌中学特色高中2019年自评报告及相关材料改写而成。

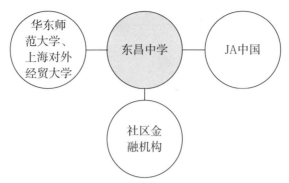

图 1 "东昌金联" 组织构成示意图①

三、创新实验室的建设和运管

（一）必要性分析

特色高中一般都会根据自身特色育人的需要，重点投入建设各类创新实验室。打造创新实验室的投入成本一般都会比较高，而且建成后还需要运营管理和维护。之所以要花费巨资，不惜成本建设创新实验室，原因主要有三：一是创新实验室是特色高中特色培育最核心、特色含金量最高的教育资源，也是特色高中之所以能被称为特色的最重要标志之一，因而特色高中学校必须努力自主拥有；二是创新实验室一般和课程开发与实施结合在一起，是特色高中学校开展特色培育的核心载体和平台，是在日常教育教学活动过程中必须依赖的教学空间和设施设备资源；三是创新实验室具有高度的稀缺性和一定的独占性，一般无法通过合作、购买服务的方式从其他的渠道获得，只能自己花大力气因地制宜、量体裁衣式地进行设计和建设。

（二）不同类别特色高中创新实验室建设实践

特色高中根据特色育人目标的不同，一般可以分为艺术类、体育类、工程科技类、德育类、语言文字类以及其他类，每一类都可建有与自身特色培育相一致的创新实验室。从上海特色高中创新实验室的建设来看，其实践呈现丰富多样，一

---

① 本图选自华东师范大学附属东昌中学特色高中 2019 年自评报告，2022 年 7 月 25 日引用。

般没有固定的模式，但可以总结出几项可在实践中参考的原则。一是创新实验室建设紧紧围绕学校特色育人目标，作为课程实施的载体，与课程开发、教学实施和评价、学生学习空间等一体规划和建设；二是创新实验室一般按高标准进行设计与建设，展现多种新技术的融合（比如信息技术、能源技术等），其设计理念和造型往往就体现教育的价值和理想；三是创新实验室建设因校制宜，与学校整体发展规划、人才队伍建设、校园环境、文化氛围等相协调，统筹考虑，建成后还需要建立有效的运营、维护与管理制度。下面介绍上海市不同类型特色高中创新实验室的建设实践，以供借鉴参考。

1. 艺术类特色高中创新实验室建设 ①

上海音乐学院附属安师实验中学是普陀区一所以培育音乐美育素养为特色的普通完全中学，也是上海成功创建艺术类特色普通高中的代表之一。

安师实验中学将创新实验室作为培育音乐美育素养的重要载体，积极争取上级部门的资金投入。在市教委和区教育局的支持下，投资 360 万元建设的市级创新实验室在音乐特色创新课程建设、特色教师培养和特长学生培养等方面不断取得新成绩。学校创新实验室案例"音乐创造精彩人生"获上海市中小学创新实验室建设二等奖，入选优秀案例集，并受邀参加上海国际教育装备博览会展示。着眼于培养跨领域的音乐科技人才，在试点一年的基础上，学校于 2020 年新建"AI 乐器坊"，深入探索"智能科技与音乐创造"融合的创新教育育人机制，为上音安师学子提供更前瞻、更专业、更独特的学习经历。

学校已经建成了能够满足特色教育需要、布局合理的创新实验室群。1 号楼"龙门楼"是音乐创新实验楼，由多媒体音乐设计与制作室、录音棚、视听室和音乐厅构成，充分发挥集群优势进行音乐欣赏、音乐制作、歌曲录音合成、剪辑等阶梯式学习及音乐艺术表演实践，新的 AI 音乐创新实验室也入驻其中。3 号楼"和乐书苑"秉承学校"和乐教育"核心文化，以其丰富的藏书、浓郁的书香、悠扬的琴声、明丽的色彩吸引了全校师生驻足，是师生感受人文、艺术，享受创意、生活，丰

---

① 本部分内容根据上海音乐学院附属安师实验中学特色高中 2019 年自评报告及相关材料改写而成。

富精神世界,"乐"享生活的所在。同时,为满足全员教学的要求,学校对标各类功能教室和设施设备标准进行高标准配置,并根据学生学习需要进行设施设备的更新换代,如2019年学校对排练厅进行空间升级。4号楼"安师音乐楼"也是独立的音乐教学楼,目前有琴房98间,供学生进行日常专业训练;另外还有沪剧排练室、舞蹈排练房、合唱教室、电钢琴室、乐理室等功能教室作为特色课程的学习场所。

目前,安师实验中学创新实验室包括"AI乐器坊"、音乐魔法坊、拟音录音坊、视听体验坊、音乐制作坊、声乐艺课坊、非遗采风坊、人文乐动坊、安全学习坊和秘密花园坊"十大创想坊"。作为课程开发和实施的载体,创新实验室构筑了学生校内外学习的智慧型学习空间和全息学习场。

2. 体育类特色高中创新实验室建设[①]

上海市体育学院附属中学是杨浦区一所以"体教融合"为特色的完全中学,也是上海成功创建"体育类"特色的普通高中之一。学校在建设特色教育资源体系的过程中,打造了体育新闻新媒体创新实验室、体育摄影创新实验室、乒乓球创新实验室、射艺创新实验室和体质健康干预研究创新实验室,并将五大创新实验室与各类场馆、专用教室相整合,形成"博搏"人文体育中心(如图2所示)。

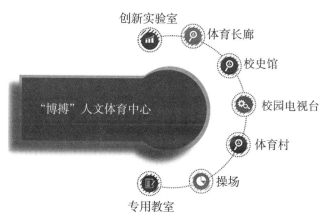

图2 上海体育学院附属中学"博搏"人文体育中心构成示意图[②]

---

① 本部分内容根据上海体育学院附属中学特色高中2019年自评报告及相关材料改写而成。
② 本图选自上海体育学院附属中学特色高中2019年自评报告,2022年7月25日引用。

体育新闻新媒体创新实验室，主要开设体育播音主持课程。学校请来的上海体育学院新闻与外语学院的专家不仅为学生授课，同时也带教学校教师。在某种程度上，既完成了"输血"又发挥了"造血"功能。学生在课程的学习中，可以了解电视中看到的节目是如何从无到有、从单薄到丰满，以及后期制作这些略显"神秘"的领域。

体育摄影创新实验室，主要承载体育摄影选修课程，这也是最受学生欢迎的课程之一。通过每次两节课的学习，学生可以学会如何在快速多变的体育运动场域中，捕捉精彩的瞬间动态，可以在篮球场、足球场、少体校等户外新闻报道的过程中一展身手。

乒乓球创新实验室，则通过全息互动投影高科技技术，实现了乒乓球发球机的自动程序化。乒乓球自动化落点以及训练数据的收集与统计，不仅完善了创新实验室的硬件设施，也为学生提供了良好的实践场馆和课题研究的支撑与保障。此外，学校还与上海体育学院中国乒乓球学院合作建设杨浦青少年校园乒乓球联盟等级考培训点。

射艺创新实验室是上海市级创新实验室。实验室的运行得益于课程的开发和实施，一方面考虑到体育特长生的体育专业需求，另一方面也考虑到普通生的兴趣爱好。在几次实验室课程建设调研过程中，不论是实验室教师还是学生都十分注意兼顾性，在每一次测试前都科学地按照体育特长生和一般学生的特点，个性化定制课程内容。同时，作为市级的创新实验室，该实验室也为区域内其他有这方面兴趣爱好的学生提供了很好的学习机会。

青少年体质健康创新实验室是学校充分利用上海体育学院的资源优势，双方紧密合作筹建的。该实验室的建设，与学校培育体育特长生的创新素养与实践精神紧密相关。在实验室里，学生通过自主学习、自主测试、自主研究，认识生命、了解自我、关心伙伴，从而获得体质健康、锻炼健身和身心发展等多方面的知识，提高了他们的生命意识，培养了自主锻炼的习惯，实现了生命教育和体质监测相结合、理论学习和研究能力相结合、关心自我与关心他人相结合的课程目标。

随着创建上海市特色高中工作的推进，学校整合成立了"博搏"人文体育中心,聚集了包括已命名的创新实验室在内的校内各类教育资源,为特色课程开设奠定了基础。"人文体育"和"运动健康"课程充分依托学校五大创新实验室和体育长廊以及校专用教室进行开设;"体育精神"课程主要以新媒体校史馆和校园电视台为阵地;"运动技能"和"中华传统"课程主要在"博搏"人文体育中心的各类场馆进行。

可见,上海体育学院附属中学创新实验室已经形成了一个相对合理的布局,并且与开设的课程融合在一起,作为优质的教育资源,在区域发挥着辐射和引领的作用。

3. 工程科技类特色高中创新实验室建设 [①]

上海市徐汇中学是一所以"工程素养"为特色的完全中学,也是上海成功创建"工程科技"特色的普通高中之一。学校在建设特色教育资源体系的过程中,打造了生命科学创新实验中心 5 个、高铁调度和驾驶 2 个、波音 787 模拟飞行驾驶 2 个、无人机 1 个、3D 打印 2 个、汇学天文台 1 个等,共计 16 种 18 个工程科技类创新实验室。这些工程科技类创新实验室,设施设备先进,成为学校特色教育最好的物力资源载体。

学校将创新实验室作为特色课程有效实施的保障加以大力建设(见表 1),已经形成集实验演示、动手实践、拓展探究于一体的创新实验室群。同时,建设了"汇学"校史博物馆、科技图书馆、任显群外文图书馆、心理健康中心、11 个艺术教师工作室、勤体馆、影像创新演播中心、魔术室、戏剧教室、合唱室、飞镖室、桥牌室等支撑工程人文艺术体育和心理类课程实施的特色场馆和专用教室。

表 1　徐汇中学工程科技类创新实验室一览表 [②]

创新实验室名称	主要功能
污水处理实验室	掌握污水处理整个循环系统的原理及使用
微生物培养实验室	培养微生物用于各种实验

---

① 本部分内容根据上海市徐汇中学特色高中 2019 年自评报告及相关材料改写而成。

② 本表选自上海市徐汇中学特色高中 2019 年自评报告,2022 年 7 月 25 日引用。

（续表）

创新实验室名称	主要功能
生物信息实验室	利用生物信息进行大分子模拟实验
基因工程实验室	动植物基因检测
生物安全实验室	瘦肉精、农药残留检测
水下机器人	水下机器人的编程使用、组装和开发研究
高铁模拟驾驶实验室	高铁驾驶遇到各种情况的真实模拟
高铁调度实验室	杭州东到上海虹桥之间车站的动车调度
波音787模拟飞行驾驶（2个）	体验模拟驾驶和飞行研究
无人机	无人机航空拍摄
3D打印（2个）	编程设计及其打印
火星车（2个）	火星救援体验与研究
太阳能实验室	探究学习太阳能发电系统、雨水收集系统
太阳能发电站	学校发电、节电研究
汇学天文台	气象观测实验、短时天气预报的制作及播报、大气颗粒态污染物浓度变化及影响要素探究等

可见,徐汇中学创新实验室涵盖工程科技的多个方面,是实施跨学科课程和开展综合实践活动的良好载体,对于培育学生的工程科技素养非常有价值。

4. 德育类特色高中创新实验室建设 ①

上海市奉贤区曙光中学是一所以"红色精神"教育见长,正在创建"德育"特色的高中。学校在建设特色教育资源体系的过程中,打造了"一馆九室一基地"的特色教育平台。

---

① 本部分内容根据上海市奉贤区曙光中学特色高中2020年自评报告及相关材料整理而成。

首先，曙光中学以坐落于校园内的"李主一烈士纪念碑""洪炉校史馆"等为载体，落实区域爱国主义教育。每年接待校外参观人数超过 5 千人次。2016 年，学校被授予"上海市普教系统培育和践行社会主义核心价值观十佳校园景观"。

其次，为丰富"红色精神"教育课程载体，学校大力加强校内场馆建设。打造"一馆九室一基地"。一馆即"洪炉校史馆"；九室即"英雄史诗——长征精神""光荣之路——中国革命史""大美中国""时代强国"等九个主题教室；一基地指的是与学校一路之隔，一期占地 6.5 亩的"南泥湾精神"农耕实践基地。依托农耕基地，落实生命教育、劳动教育和创新素养培育。学校开发了旨在培育学生艰苦奋斗、自力更生等红色精神要素的全员劳动、亲子活动、班级承包等课程实践模块；与上海市农业科学研究院合作开展农业、生物类课题研究，提升实践创新素养；农耕基地产品以爱心售卖的方式推广，所得资金纳入学校爱心基金，用于服务他人，回报社会；学校开启了基于农耕基地的封闭式生存训练营，营员走出舒适圈，拥抱大自然，在逆境中求生存，在有限的物质资源下发挥团队协作功能、磨炼意志品质。

5. 语言文字类特色高中创新实验室[①]

上海市普陀区甘泉外国语中学是一所以"日语见长，多语发展，国际理解"为特色的高中，是上海创建成功的"语言文字类"特色普通高中。学校在建设特色教育资源体系的过程中，打造了"一馆五中心"甘泉特色场馆。包括"读懂中国"文化体验馆（国学课程、对外汉语课程、国际交流体验课程）、"我的甘泉"课程体验学习中心（国际理解类拓展课程）、高级翻译基础实训中心（多语种口译课程）、上海市多语种考试评价中心（多语种听说拓展课程）、学生进路指导中心（学生生涯规划课程）、甘泉创智学习中心（科技创新实验课程）。

学校结合创新实验室建设，聚焦办学特色与育人理念，开发了一系列场馆体验互动课程，如学校结合机器人创新教室与海外友好学校开展校际连线远程互动教学，引进海外中学的微型拓展课程。为学生提供多样化的学习平台，培育学生的自我探究意识和自主创新素养，让学生在了解中理解，在实践中体验。其中

———————

① 本部分内容根据上海市甘泉外国语中学特色高中 2018 年自评报告及相关材料整理而成。

特色场馆"读懂中国"在 2013 年被评选为"上海市十大校园新景观"，"跨文化交流人才培养基地"收入上海市中小学（幼儿园）课程改革委员会主编的《创新实验室里的时代脉动——高中创新实验室案例撷英》一书。

6. 其他类特色高中创新实验室[①]

上海海事大学附属北蔡高级中学是一所以"航海文化教育"为特色的高中，是上海较早创建成功的特色高中之一。学校在建设特色教育资源体系的过程中，打造了航海教育系列创新实验室，包括航海文化体验中心、航海科普实践中心、航海工程探索中心和航海科技创新中心。

航海教育创新实验室有力支撑了学校的航海文化教育特色，成为学校特色发展的亮点。航海创新实验室分为四层，每层有不同的主题：1 楼为船舶，2 楼为航运，3 楼为海洋，4 楼为救生。在航海文化教育理念的引领下，学校围绕航海创新实验室这个物力资源，各学科有机渗透航海教育元素，循序渐进地开发特色课程。

表 2 上海海事大学附属北蔡高级中学航海实验室设备与学科拓展课程开发一览表[②]

主题	实验设备与内容	基础学科拓展课程	跨学科综合课程
1 楼 船舶	船舶风动力实验 船舶水动力实验 船舶浮力实验 船舶结构和功能 船舶设计（软件） 实体船模制作	1. 帆船航行数学模型研究（数学） 2. 航行中的物理现象（物理） 3. 浮力变换规律的探究（物理） 4. 龙舟运动（体育） 5. 船舶的动力装置（物理） 6. 集装箱与船舶运输（政治） 7.Solid 软件设计船帆（信息） 8. 油泥船模 / 木制船模 / 艺术船模制作（劳技）	1. 从海洋中发现世界（历史、地理） 2. 从《老人与海》看海明威的社会自然观（语文、政治） 3. 南宋皇室海上南逃路线探究（语文、历史） 4. 中外航海家（英语、历史） 5. 中外名船（英语、历史）

① 本部分内容根据上海海事大学附属北蔡高级中学特色高中 2018 年自评报告及相关材料整理而成。

② 本表选自上海海事大学附属北蔡高级中学特色高中 2018 年自评报告，2022 年 7 月 25 日引用。

（续表）

主题	实验设备与内容	基础学科拓展课程	跨学科综合课程
2楼航运	磁罗经定位 劳兰定位 六分仪定位 电磁计程测速 传统测深 莫尔斯电码发报 船舶吊杆装卸 打水手结 船舶系缆 港口规划分析 航海大富翁实验 模拟船舶驾驶	1. 地球磁场与船舶磁罗经定位技术（物理） 2. 数学双曲线与船舶的劳兰定位技术（数学） 3. 太阳回归运动与六分仪定位技术（地理） 4. 各类交通工具测速原理（物理） 5. 海底地形与测深技术（地理） 6. 航运通信技术（信息） 7. 吊杆装卸中力的分解原理（物理） 8. 水手结与海上救生（民防） 9. 摩擦力与船舶系缆（物理） 10. 沿海城市港口规划分析（地理） 11. 航线设计与物流规划（金融） 12. 走进索马里海盗（政治） 13. 船舶驾驶（物理）	1. 钓鱼岛之争（地理、历史、政治） 2. 现代航运导航技术（物理、信息） 3. 向量与力的分解（数学、物理） 4. 世界名港（政治、地理） 5. 航运与贸易（政治、地理） 6. 集装箱奇迹（金融、交通、工程） 7. 航运管理与船员团队（心理、政治）
3楼海洋	海洋气象与地理 海洋资源利用 海洋环境保护 海上丝绸之路	1. 厄尔尼诺与拉尼娜现象探究（地理） 2. 西太平洋台风成因的研究（地理） 3. 太阳、月球、地球运动与潮汐（地理） 4. 海洋天气播报（英语） 5. 墨卡托地图绘制法 6. 海水提盐（化学） 7. 海水中金属腐蚀实验（化学） 8. 鱼肝油制作（生物） 9. 油水分离实验（化学） 10. 古代海上丝绸之路（历史） 11. 现代"一带一路"建设（政治）	1. 海洋探测与资源开发（地理、生物、化学） 2. 航海技术的发展探究（地理、物理、历史） 3. 南海风云（地理、历史、政治） 4. 捍卫祖国岛礁主权（历史、地理、政治） 5. "一带一路"与航运强国梦（政治、历史、地理） 6. 海洋环保（生物、物理、化学）

（续表）

主题	实验设备与内容	基础学科拓展课程	跨学科综合课程
4楼救生	以海上救生知识与技能学习、航海心理知识和专业工具运用为主要实验内容，辅以实物展品、课外延伸教育	心理、体育、民防	有待开发
甲板	航海风环境布置 航海风艺术展示	海洋风音乐艺术欣赏（艺术） 航海诗歌创作、航海精神演讲（语文） 航海戏剧创作表演（英语）	社团文化展示 学生甲板艺术秀
整体	科普展示接待	航海科普课程 志愿者服务课程——专业表达与礼仪（语文、英语）	航海考察夏令营 航海科技冬令营

（三）创新实验室的运作与管理

作为特色课程实施的平台和载体，创新实验室的运作和管理都是围绕课程的开发和实施进行的。特色课程一般需要面向三类对象：第一类是普及型，即面向全体高中生；第二类是提高型，即面向有兴趣和学有余力的高中生；第三类是创新研究型，即面向少数开展研究性课题研究的学生。因而，创新实验室的运作和管理也必须适应特色课程面向三类学生的不同要求，满足不同学生的个性化学习需求。

下面以上海市徐汇中学微生物工程、环境工程、基因工程、生物安全和生物信息五个生命科学创新实验中心的运作与管理为例进行说明。学校打造了生命科学创新实验课程群，具体设计了 8 个实验项目：生物工程微生物发酵系统、城市污水生物处理系统、城市污水污染指标的化学与生物监测系统、生物化学与分子生物学基因操作实验系统、蔬菜与副食品的农药和兽药残留检测系统、现代生物信息生物大分子与药物设计的计算机模拟等。生命科学创新实验课程群做到了将基础生命科学与应用生物技术相结合，课程分普及、提高、创新研究三类实施。[①]

1. 普及类

面向全体高中生和部分初中生。利用基础型和拓展型课程，学生每周到实验室接受一次培训；在一年时间内完成 5 个生命科学实验室 8 个实验项目的学习任务。

一个实验小组人数为 6—8 人，整个创新实验中心一次容纳一个班级。以教师讲解演示，学生操作实践为主。要求学生记录每一次实验报告。对学生的学习评价重在关注参与过程。学期末让学生写出本学期的实验小结，在学生自评、互评的基础上，教师给予量化和描述性评价。

2. 提高类

面向学有余力的部分学生。利用拓展和探究课的教学时间让他们到实验中心接受进一步培训，加深对现代生物技术在医药、食品、环境和机械制造、材料工程和数控工程等领域中相关生产工艺流程的掌握，提高学生的科技创新能力。

3. 创新研究类

面向少数选择生命科学实验课题开展创新研究的学生。他们利用课余或假期在教师指导下进行课题研究，还可获得上海交通大学、同济大学、中国科学院上海巴斯德研究所相关专家的指导。

在运行管理方面，实验中心由校长、分管副校长、教导主任、中心负责人、实验室教师分级负责管理。2016 年 3 月，3 位教师再次与上海交通大学的导师对接，增加了 3 个实验项目：尼古丁的生物降解、Cry1Ac 和 Cry1Ab 转基因作物的试纸条快速检测和计算机辅助药物设计。实验中心建立以来，多次开展专家讲座和专家进课堂活动。

可见，特色高中创新实验室的运作管理要紧密贴合课程的开发、设计和实施，还要兼顾不同学生的需求，以育人为本。在分级管理的时候，要明确各级管理人员对创新实验室管理的职责和权限，确保高效运转，保证特色课程的有序开展和实施。

创新实验室的运作和管理还要十分注重强化利用意识，充分挖掘潜力，采取

---

① 本部分内容根据上海市徐汇中学 2019 年自评报告及相关材料整理改写而成。

多种形式提高实验室的利用率。一方面，创新实验室投入不菲，要千方百计地发挥它的育人价值，最大限度地彰显特色。如果利用率欠佳，甚至闲置，那实在是可惜。另一方面，提高创新实验室的利用率，在使用中不断改进、优化和完善，可以使其逐步达到最佳的运行管理状态。既可以培养一批懂技术、懂实验操作和维护，又会管理的特色教师，也为下一步推进创新实验室的功能升级和迭代提供经验与支撑。

提升创新实验室的利用率，首先需要高中学校统筹安排各级各类学生的课程内容及时间，既相互衔接，又保证相对独立。其次，可以采取多种形式提高利用率。比如，组织即将要选课的学生参观创新实验室，向他们介绍相关的设施设备以及可开展的研究学习项目，方便学生选课，增加他们学习探究的兴趣。还可以利用创新实验室服务于区域特色教育，提高学校特色的社会影响力。

第七章

外塑与内生激发特色建设动力

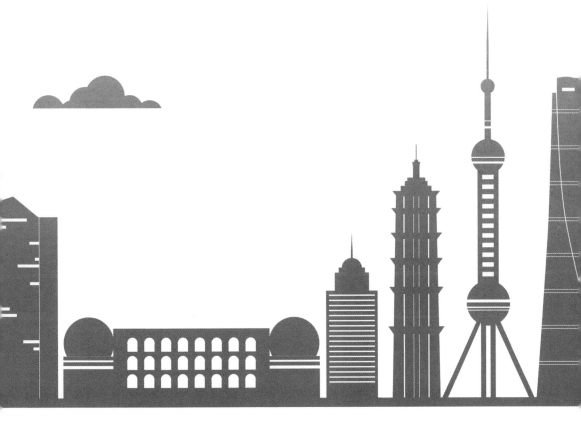

特色建设的动力和持久力从哪里来？这是学校改革发展的永恒命题。自特色高中创建项目启动以来，经过十余年的探索与推进，上海市特色普通高中创建项目校形成了内外结合的动力机制。动力机制简单而言是指个体或组织行为的动力来源，即发展动力的根源。事物的发展通常是由内外因共同决定的。从各特色普通高中创建校的实践来看，其动力机制包括利好政策、第三方评估等外部动力，以及在外部动力的推动下激发的学校自主发展的自觉意识和由特色创建不同主体之间协同治理带来的内外动力联动产生的"合力"。

第一节　政府利好政策的积极牵动

一项政策的形成往往源自并为了解决现实问题，合法化的政策又成为行动的向导。普通高中特色发展相关政策的出台是为了解决长久以来我国普通高中发展中存在的"痼疾"，更好地适应社会发展和人才培养的需求，办出高品质的高中教育。

一、特色普通高中创建的政策脉络

从目前已出台的与普通高中特色化发展有关的政策文件来看，可以将其划分为两个阶段，一是起步阶段，二是深化阶段。

（一）起步阶段

针对我国普通高中办学同质化倾向较为严重，人才培养模式和办学体制较为单一，办学活力不足，课程缺乏选择性以及学生个性发展难以满足等现象，2010 年党中央、国务院颁发了《国家中长期教育改革和发展规划纲要（2010—2020 年）》（以下简称《教育规划纲要》）。这是一个时期指导全国教育改革和发展的纲领性文件，提出"高中阶段教育是学生个性形成、自主发展的关键时期，对于提高国民素质和培养创新人才具有特殊意义"，对于普通高中的发展，则明确提出"推动普通高中多样化发展。促进办学体制多样化，扩大优质资源。推进培养模式多样化，满足不同潜质学生的发展需要。探索发现和培养创新人才的途径。鼓励普通高中办出特色"。

同年，国务院办公厅发布《关于开展国家教育体制改革试点的通知》，批准北京、天津、上海、江苏、黑龙江、陕西、四川以及新疆、宁夏等省、自治区、直辖市通过承担国家教育体制改革试点任务的形式，实施"开展普通高中多样化、特色化发展试验"[①] 项目。2012 年，教育部专门发布了《关于推动普通高中多样化发展的实施意见（征求意见稿）》，明确提出"普通高中多样化发展主要包括办学体制、培养模式、学校类型、学校特色等方面的多样化，其根本目的是适应学生多样化发展和社会对多样化人才的需要"，并提出"到 2020 年努力形成学校办学特色鲜明、课程丰富多样、评价科学有效、资源开放共享、体制机制健全的普通高中发展新局面，充分满足学生的自主选择和差异需求"。"特色"已成为我国当前普通高中发展的一个"关键词"，推动普通高中特色化发展，满足学生多样化个性化发展则成为普通高中发展的主旋律。从根本上说，普通高中特色化发展符合社会发展的需要，是推动普通高中多样化发展的重要途径，也是普及化阶段普通高中发展的必然选择与必然趋势。

《教育规划纲要》颁布以来，不少地区开展了普通高中特色发展的实践探索。上海市自 2010 年启动上海市特色普通高中创建项目以来，先后出台了《上海市推进特色普通高中建设实施方案（试行）》（沪教委基〔2014〕59 号）、《上海市推进特色普通高中建设三年行动计划（2016—2018 年）》（沪教委基〔2016〕56 号）等文件，明确将特色普通高中界定为"能主动适应上海城市功能定位、社会和地域经济发展以及学生发展的需求，有惠及全体学生、较为成熟的特色课程体系及实施体系，并以此为基础形成稳定独特办学风格的普通高中学校"，提出本市特色普通高中建设采取"项目孵化、滚动推进，分类指导、分阶提升"的策略，明确将特色普通高中建设分为特色项目阶段、学校特色阶段和特色学校阶段，明确确定了三个阶段的建设标准，并提出"达到上海市特色普通高中建设参考指标三级指标的项目高中，经项目组认定后面向全市承担该特色领域的教师培训和教研活动指导工作，成为特色课程研训中心"。而对于通过评估而命名的学校，则规定"获得上海市特色普通高中命名的学校，将参照市实验性示范性高中政策，享

[①] 国务院办公厅. 国务院办公厅关于开展国家教育体制改革试点的通知［EB/OL］.（2011-01-12）［2021-11-20］.http://www.gov.cn/zwgk/2011-01/12/content_1783332.htm.

受自主招生等相关优惠政策"。这些利好政策文件的出台充分调动了上海市特色普通高中项目创建校的积极性，指明了上海市特色普通高中创建方向，对上海市特色普通高中创建工作起到了很好的外部拉动作用。

（二）深化阶段

进入新时代 [①] 以来，各类关于教育改革与发展的政策文件密集出台，对教育进行了系统改革和整体规划，关于普通高中特色发展的文件主要包括两大类。一是对教育的全面长期规划，如 2019 年中共中央、国务院印发的《中国教育现代化 2035》及随后中共中央办公厅、国务院办公厅印发的《加快推进教育现代化实施方案（2018—2022 年）》，明确提出"全面普及高中阶段教育""提升高中阶段教育普及水平，推进中等职业教育和普通高中教育协调发展，鼓励普通高中多样化有特色发展"的战略任务，普通高中多样化特色化发展仍然是高中发展的主要任务之一。二是专门针对高中教育改革的文件，主要是 2019 年国务院办公厅颁布的《关于新时代推进普通高中育人方式改革的指导意见》（国办发〔2019〕29 号），这是 21 世纪以来国办出台的第一个关于推进普通高中教育改革的重要纲领性文件，是"新时代普通高中教育加快迈向现代化的总动员" [②]。文件明确提出，普通高中要围绕立德树人设计教学体系、教材体系、管理体系等，并强调要促进普通高中多样化有特色发展；还提出到 2022 年，普通高中多样化有特色发展的格局基本形成。2021 年 12 月，教育部关于印发《普通高中学校办学质量评价指南》的通知，提出"坚持实事求是、客观公正，强化过程评价和增值评价，有效发挥引导、诊断、改进、激励功能，引导办好每所学校，促进普通高中多样化有特色发展"。可见，普通高中坚持走特色化发展道路依然是新时代高中教育发展的方向。

在国家相关政策文件出台之后，上海市陆续研制出台了指导普通高中发展的文件，包括：《上海市普通高中学生综合素质评价实施办法》（2018），提出要

---

① 党的十九大（2017 年 10 月 18 日开幕）提出中国特色社会主义进入新时代。

② 教育部教育发展研究中心副主任汪明在华东师范大学基础教育改革与发展研究所 2019 年 7 月 20 日举办的"新时代普通高中育人方式变革论坛"上的发言。

体现高中学校的办学特色；上海市人民政府办公厅印发《关于本市新时代推进普通高中育人方式改革的实施意见》（沪府办〔2021〕4号），明确提出"优化普通高中学校分层与分类相结合的发展模式，形成多样化有特色高质量的普通高中发展格局"；《上海市教育委员会等十部门关于推进普通高中学校建设的实施意见》（沪教委基〔2021〕20号），提出"有序推进特色高中建设，形成本市普通高中学校高质量、多样化、有特色的发展局面"，并"深化特色普通高中建设"等；上海市教育委员会印发《上海市普通高中课程实施方案》（沪教委基〔2021〕35号），鼓励学校"在学校课程实践中，应结合学校办学特色，设置具体的跨学科学习目标"，并对特色学校的学分进行了规定；等等。2021年，《上海市教育发展"十四五"规划》中明确提出"推进新一轮特色普通高中建设三年行动计划，促进普通高中特色多样发展"，并将"上海市普通高中特色多样发展取得新进展，'基础＋选择'的课程教学体系普遍建立"作为提高普通高中教育质量的重要目标。

近年来，从国家到上海市一系列文件的相继出台可以看作是对前一阶段普通高中特色化发展的延续和深化，提出了特色普通高中高质量发展的目标，既进一步明确了未来普通高中发展的方向和路径，也推动了新时代普通高中特色化发展。

二、政策对普通高中特色化发展的"牵引力"

我国普通高中在发展历史上呈现出两个明显的特点：分层与同质化发展。前者将不同的学校分成不同的等级，违背了教育公平；后者导致"千校一面"，无法满足学生的个性化发展。在分层体系下，普通高中学校往往依据学生的高考成绩被分为不同的层级，处于分层体系上层的学校享受更好的教育资源，招收更好的生源和师资等，处于分层体系中下层的普通高中往往陷入无论如何努力也难以跳出"差学校"的"魔咒"，从而丧失了发展的"动力"，出现了一种"马太效应"。这不仅违背了教育公平，也不利于普通高中整体水平的提升，难以满足新时代对普通高中学生发展的新要求。

普通高中的同质化发展既难以打破学校之间的恶性竞争局面，也同样难以满足学生多样化、个性化的发展需求。高中生处于世界观、价值观和人生观形成的阶段，"其思想道德素质、科学文化素质、身心健康素质如何，不仅是学生个人的事情，也不仅是学生家庭和学校的事情，而且反映出国民教育体系的健康和谐度，甚至影响乃至决定国家的综合国力与人才的国际竞争力"①。在此背景下，普通高中必须打破同质化发展局面，实现多样化、特色化发展，这既是教育发展的公平诉求，也是学生全面而有个性发展的要求。

从各级政策对普通高中特色化发展的要求来看，一方面为各类普通高中学校发展提供了新的"赛道"，从而增强了普通高中学校的办学活力；另一方面，普通高中的特色发展使学校更聚焦于内涵建设，不断提升办学质量。"特色化指向普通高中内涵发展，是学校水平和质量不断提升的概念，它以基本质量保障为基线，以普通高中多样化为必然结果，本质上是对学生发展需求的积极回应，是新时代提升普通高中教育质量的有效途径。"②《国务院办公厅关于新时代推进普通高中育人方式改革的指导意见》（国办发〔2019〕29号）中明确提出了推动高中育人方式变革的七大任务，即构建全面培养体系、优化课程实施、创新教学组织管理、加强学生发展指导、完善考试和招生制度、强化师资和条件保障、切实加强组织领导，从办学理念到办学过程均聚焦于学校内涵建设。

从上海特色普通高中创建实践来看，学校需要围绕办学特色在立德树人、课程建设、课堂教学、学校文化等各个方面进行全面、深入、系统的改革与完善，否则很难称得上是一所特色普通高中。可以说普通高中特色发展是学校内涵发展的重要内容与路径之一。在各项政策的牵引之下，各普通高中学校立足于本校实际积极探索特色化发展之路，并将特色发展作为普通高中提升教育质量的一个重要抓手。当前推动普通高中特色发展已成为学校变革与发展的内生力，是推动学校从"育分"走向"育人"的重要动力和引导力。

---

① 陈如平，等.中国普通高中教育发展报告（2012）［M］.北京：教育科学出版社，2013：前言1.
② 陈如平，李建民.当前普通高中教育发展应关注的几个重大问题［J］.中小学校长，2020（06）：3-9.

第二节　基于评估命名的专业拉动

经过近五年的创建过程，自 2016 年起，上海市教委依据"管办评"分离的原则，委托第三方教育评估机构——上海市教育评估院每年组织开展上海市特色普通高中评估，边创建边评估，将评估过程与学校特色创建过程统一起来，创评结合，以评价来引导普通高中的特色创建，以此保障上海市特色普通高中创建质量。

一、特色普通高中评估的价值导向：促进学生全面而有个性地发展

评估是管理必不可少的一个环节，既可以对行动起到引导作用，也可以对行动的成效进行检验。因此，评估是特色普通高中创建过程中必不可少的阶段。

上海市特色普通高中从建设到评估均有明确的价值导向。《上海市推进特色普通高中建设实施方案（试行）》中提出"特色普通高中建设坚持以科学发展观和国家、上海市中长期教育规划纲要为指导，引导普通高中贯彻'为每个学生提供适合的教育'的理念""促进学生全面而有个性地发展，推动高中学校错位发展、特色发展和可持续发展，逐步形成全市普通高中教育'百花齐放'的发展格局，促进高中教育从分层教育逐步向分类教育转型"。在评估中明确提出评估的目的是"推动本市普通高中错位发展、特色发展和可持续发展，逐步形成上海市普通高中教育'多样化、有特色、高质量、可选择'的发展格局，满足学生多样化和个性化的学习需求，为最终实现上海市普通高中教育从分层逐步向分类转型助力"。因此，特色普通高中创建和评估的价值取向均在于激发普通高中的发展

活力,打破普通高中分层发展的局面,走向分层与分类相结合,满足学生全面而有个性发展的需求,体现"学生发展至上"的理念。

在学生发展方面,特色普通高中创建坚持立德树人,强调以特色引领五育融合,促进学生全面发展,凸显普通高中的基础性定位,在打好底色的基础上描绘亮色。普通高中与学前教育、义务教育一样均属于基础教育,是基础教育的高级阶段,"它上接高度专业化的高等教育,下连国民最为基本的、必备素养的义务教育,处于过渡位置,尤为关键"①。特色普通高中创建首先必须服从于、服务于普通高中的"基础性",致力于全体学生的全面发展,为人的终身发展奠基,面向全体学生而不能仅限定于部分学生。特色创建必须惠及全体学生,既要致力于拔尖创新人才的培养,又要满足于培养普通学生的兴趣,充分挖掘学生的发展潜能,让人人都能实现各有所得的发展。这也决定了特色高中创建不能仅培养"专才",不能办成大学的"预科"。

二、特色普通高中的评估标准:兼顾统一与差异

评估标准是评估的重要组成部分,是对评估目标的具体阐述,对整个评估活动起着方向引领的作用。从评估实践来看,评估的启动一般都是从研制评估指标和标准开始。那么,特色普通高中的评估标准是什么? 在评估过程中应如何处理评估标准与特色差异之间的关系?

(一)评估标准

从词源学来看,古代汉语中"标"和"准"是两个独立的词汇。《说文解字》中将"标"解为"木杪末也",即树木的末端。"准"的原意是一种测量的器具。《汉书·律历志》记载:"权与物钧(均)而生衡,衡运生规,规圆生矩,矩方生绳,绳直生准,准正则平衡而钧权矣。""准者,所以揆平取正也。""准"具有使器物及其重量平均分配进而达到平衡的作用。后来又引申为测量和标准两种含义。

---

① 崔允漷,冯生尧.普通高中课程改革:世界性的课题与经验[J].全球教育展望,2018,47(10):29-38.

在《辞海》中，"标准"被定义为"衡量事物的准则"，引申为榜样、规范。简言之，标准可以看作是一种准则、准绳。评估是在事实的基础上依据标准对对象做出的价值判断，评估标准则是根据评估活动的现实需要而制定的，用于衡量事物价值的一套规则。评估标准的内涵可以从两个维度进行考察：第一个维度是应该评价什么，即构成标准的内容，又称为指标，是对评价对象和内容质的规定；第二个维度是做得如何，即考察构成标准中各指标的重要性（权重），是对评价对象和内容量的规定。①

没有评估标准的评估是不存在的，评估标准保证了对参与同一评估的评估对象一视同仁，维护了评估过程的公正性，是程序公正的一种体现，同时也是评估具有公信力的重要保障。"公平与价值伦理无涉，它只关注分配程序是否合理。公正指的是作为非当事人的第三方，依据正义原则对当事人的行为或规则进行裁决。"②

一所什么样的普通高中可以称得上是特色普通高中？有论者提出三条主要标准：（1）学校特色是否惠及全体学生；（2）学校特色能否具有持久性；（3）学校是否具有独特的办学理念和培养目标，是否形成独特的育人模式。③这些标准强调特色必须面向全体学生，具有持久性，具有独特的学校办学理念和培养目标及育人模式。

中国教育科学研究院课题组设计了一套指标体系，对全国建立的306所"特色高中"项目研究实验学校进行了调研。课题组依据影响普通高中特色形成的关键性因素设计了这套指标，因而这些指标也看作是一所特色普通高中所需具备的特质。这套指标包括学校管理、课程教学、师资队伍、校园文化、学生管理、社会影响6个一级指标，以及特色育人目标、特色办学方向、教育家理念、特色管理制度、课程设置等23个二级指标④，同样强调学校特色的整体性。

---

① 苏启敏．价值反思与学生评价［M］．北京：北京师范大学出版社，2010：33．

② 蔡春．分配正义与教育公正［J］．教育研究，2010，31（10）：17-23．

③ 崔玉婷．普通高中特色发展研究［M］．北京：知识产权出版社，2016：35．

④ 王小飞，等．普通高中特色发展调研报告［M］．北京：教育科学出版社，2013：58．

重庆市在进行特色学校评估时，认为"一个学校之所以成为特色学校，最根本的是体现在它独特的文化上。特色学校之所以成为特色学校，就是因为它创建了一种独特、优质、稳定的学校文化模式"①。因此，重庆市从学校文化的角度构建了一套指标体系来评估什么样的学校可以成为特色学校，包括物质文化、制度文化、精神文化、行为文化以及总体评价5个一级指标，地理环境、规划布局等32个二级指标。

上海市自2016年启动特色普通高中的评估工作，依据上海市特色普通高中的创建标准制定了评估标准，并依据该标准对参评学校进行评估。评估指标包括特色与定位、课程与教学、条件与资源、成效与示范、创新与亮点5个一级指标，以及目标定位、组织管理、课程规划、课程实施等14个二级指标，强调特色在学校办学过程中的整体融入，将其渗透到学校的办学理念、育人目标、学校文化、课程与教学以及师资队伍建设等方方面面，都取得较好的成效，获得社会的认可。同时，针对国家和上海市陆续出台的关于高中教育教学改革的新要求及社会发展新形势，"专业评估机构也适时对评估方案及评估标准的科学性、合理性进行滚动调整与修正。以此推动学校在形成性评价中不断认识、改进自我，在特色高中建设过程中不断明晰目标，优化实施目标的路径、措施和资源，确保建设成效"②。

从以上评估标准来看，虽然制定视角和具体内容并不完全相同，但能看出，一所特色普通高中的特色必然是整体性的，着眼于学校的内涵建设，并体现在学校工作的各个方面。

（二）兼顾评估标准的统一性与特色的差异性

标准强调的是统一，而特色本身就代表着多元、多样。不同学校所创建的特色并不一样，即使是同样类型的特色，在城乡教育发展不均衡的现实中，校际之间的差异与差距也是客观存在的。用"同一把尺子"是否在某种程度上违反了公

---

① 龚春燕，程艳霞.基于文化导向的特色学校评估思考［J］.人民教育，2010（Z1）：14-16.
② 郭朝红.评估是如何促进学校发展的——上海市特色普通高中评估分析［J］.上海教育科研，2019（09）：38-42.

正原则？在标准和差异之间，教育评估该如何保持二者的张力？

在评估领域，公正主要分为程序公正（正义）和结果公正（正义）。程序正义是相对结果正义而言的，它被视为"看得见的正义"，这源于一句人所共知的法律格言："正义不仅应得到实现，而且要以人们看得见的方式加以实现"。罗尔斯在其《正义论》中提出了"纯粹的程序正义"这一概念，并将其分为完善和不完善的程序正义来进行理解。不完善的程序正义的基本标志是"当有一种判断正确结果的独立标准时，却没有可以保证达到它的程序"。与之相对照，完善的程序正义的一个明确特征是"不存在对正当结果的独立标准，而是存在一种正确的或公平的程序，这种程序若被人们恰当地遵守，其结果也会是正确的或公平的"[1]。在他看来，不存在判断结果是否公正的标准，要确保结果公正，就必须实际地执行决定正当结果的程序。某种程度上，程序公正是确保结果公正的前提，没有程序公正，很难说结果是公正的。而评估标准就是对程序公正的维护。

面对客观存在的差异，上海市特色普通高中评估力争克服评估中的公正困境，在标准与差异之间保持必要的张力，遵循一定的公正原则，让特色普通高中评估更为公正，不断提升评估结果的公信力。一是坚持以评估标准为准绳，同等对象同等对待，遵循平等原则。按照建设标准的阶段划分，参与上海市特色普通高中评估的学校原则上达到了第三个阶段的创建标准，因而遵循的是比例平等，即平等对待平等者，参与评估的学校享有被同等对待的权利。二是评估标准强调共性与个性相结合，关注增值，遵循差别原则。为了体现差异性，不同学校在遵循平等原则之外，评估中也体现了差异原则，包括评估指标以共性为基础，核心品质（共性）与特色亮点（个性）相结合，在共性指标之外设置特色指标，给予学校个性化表达的空间。以增值为导向，横向比较与纵向比较相结合。在评估时，评估专家依据指标不仅看学校是否达到最终的标准，也要看学校在创建过程中的增值程度，既要考察不同学校的发展起点，又要考察其在现有基础上所取得的成效。三是设置多个评估环节，给予过程性支持，遵循补偿原则。在评估中设

---

[1] 约翰·罗尔斯.正义论［M］.何怀宏，何包钢，廖申白，译.北京：中国社会科学出版社，1988：86.

置多个评估环节，为参与评估的学校提供多次机会，打破了"一锤定音"，同样体现了公正。同时，在创建过程中，项目组会举办一些特色创建的培训、展示、论坛，专家组成员也会根据学校的需要对其提供相应的过程性指导。

三、特色普通高中的评估程序：有效融合创与评

为了充分发挥评估对特色普通高中创建的引领和改进作用，上海市特色普通高中评估并非"一次性"的活动，而是由多个环节构成的完善的评估程序，通过设置多个评估环节为上海市特色普通高中创建质量"保驾护航"。

一是小组分组交流。上海市特色普通高中创建项目校正式获得项目校资格后，首先需要依据特色进行分组交流。上海市特色普通高中项目领导小组、观察组（由其他项目校担任）、同行组（即同一交流小组）三组人员对各校的交流情况进行评分，然后按照不同的权重进行折算总分和排序，排名在前三位的学校获得向全市展示的资格，未获得资格的学校则继续创建。

二是全市展示。上海市特色普通高中项目领导小组依据学校分组交流的排序，到每所学校进行现场指导，然后视学校创建进度每年确定3—4所学校进行全市展示。一所普通高中从成为项目校到进行展示要经过2年及以上的创建。在市级展示中，学校向全市展示创建成效，包括特色课程建设、学生社团活动、课堂教学、校园环境等在内的全面呈现。

三是初评。经过市级展示阶段，学校自主申报，经区级审核后报上海市特色普通高中项目领导小组，审核通过后可以进入初评阶段。在初评阶段，包括飞行检查、网络问卷、材料审阅和现场评估等主要环节。在学校自评的基础上，第三方教育评估机构组织专家对初评学校进行飞行检查。飞行检查通常在现场评估前进行，专家进校不预先打招呼，通过随堂听课、随访师生、走访校园等方式考察学校特色创建的常态工作，为现场评估提供参考依据。对教师、学生和家长三类人群进行全覆盖的网络问卷调查，为专家现场评估采集数据和评估信息。评估专家在现场评估前须对学校提交的材料进行预审，提出评估预案。在现场评估时，专家组按评估指标分组采集评估信息，基于事实对学校的特色创

建工作做出客观评判。在初评阶段设置了同行观察环节，以增强评估的透明度，并更好地促进项目校之间的交流和学习。初评结果分为通过、基本通过和不通过三类，结果为"通过"的学校直接进入"上海市特色普通高中"命名程序，结果为"基本通过"的学校1—2年后进入首次复评程序，结果为"不通过"的学校不再进入复评，须满足相关条件后再次进入评估程序。

四是复评。复评分为首次复评和第二次复评。初评结果为"基本通过"的学校可在1—2年后申请首次复评。经过1—2年的改进和深化，参加首次复评的学校在特色创建方面常常会取得新的进展。在复评阶段，减少了飞行检查，通过网络问卷调查、现场评估的方式来进行评估。从2021年起，在复评阶段也增加了同行观察专家评估的环节，主要由已经命名的上海市特色普通高中学校的校长担任。这一方面提高了评估中专家的匹配度，另一方面也从不同主体视角来评价学校，并按不同权重来评分，提高了评价的科学性。首次复评结果分为通过、基本通过和不通过三类，结果为"通过"的学校进入命名程序，结果为"基本通过"的学校在首次复评2—4年后申请进入再次复评，结果为"不通过"的学校须满足相关条件后方可再次进入评估程序。参与第二次复评的学校需经历与复评相同的程序，专家着重考察学校自初评和首次复评以来针对专家提出的意见进行的改进以及取得的新发展。第二次复评的结果分为通过和不通过，结果为"通过"的学校进入命名程序，结果为"不通过"的学校须满足相关条件后方可再次进入评估程序。

从以上评估程序设计来看，一所学校从参与组内集中交流开始到通过评估，最快的至少需要3年，最长的也许需要8年时间，甚至有学校会不通过评估。在特色普通高中创建过程中，评估与学校的特色创建工作融为一体，充分展现了"以评导建，以评促建"。正如斯塔菲尔比姆所说的，"评估不是为了证明（prove），而是为了改进（improve）"。

评估作为一个保障机制和动力机制，很好地推进了上海市特色普通高中创建。特色普通高中创建永远在路上，评估只是一个阶段性的手段，而非终结性的。评上了并不意味着特色创建就结束了，因而也不是为了给学校贴上一个新的标签，而是让学校发展站上新的平台，有了新的起点和要求。自2016年开展评估以来，共命名了 17 所上海市特色普通高中。从评估结果来看，17 所学校获得了社会和同类学校的普遍认可，可以说评估结果具有较高的公信力，起到了很好的示范引领作用。已命名学校与相近特色的创建校结成联盟，并作为"盟主"校开展各种展示和交流活动。此外，在"双新"背景下，已命名学校深化特色创建，积极探索特色课程体系建设、教学变革等，推进育人方式变革。

第三节　追求学校破局的自觉行动

实践证明，特色普通高中创建为当前普通高中的发展带来了一股活力和发展动力，也为分层体系中处于中低端的普通高中带来了发展希望，产生了一种"鲇鱼效应"。上海特色普通高中的创建主体是区实验性示范性高中，还有不少是一般普通高中。不少学校将特色创建视作学校发展的一次契机，作为破解学校发展困局的重要抓手，可谓"审时度势"之后的"顺势而为"。各校将特色创建作为学校的自觉行动，主动对学校发展重新进行顶层设计，在推进学校整体变革方面进行了有益的探索，也取得了不少成绩，社会声誉有了较大提升。

一、构建学校特色发展的共同愿景

美国著名管理学家彼得·圣吉在《第五项修炼——学习型组织的艺术与实践》中提出的第三项修炼是建立共同愿景（building shared vision），共同愿景是指组织中所有成员的共同愿望、理想或目标，其来源于成员个人的愿景而又高于个人愿景。它建立在共同价值观的基础上，是对组织发展的共同愿望，并且这个愿望不是被命令的，而是全体成员发自内心想要争取、追求的。它使不同个性的人聚在一起，朝着共同的目标前进。共同愿景包含几个要素：（1）景象，即人们想要的未来图像；（2）价值观，即人们如何到达自己的目的地；（3）目的和使命，即组织存在的理由；（4）目标，即人们期望短期内达到的里程碑。[①]共同愿景可等同于中国传统文化中的"道"，孙子在《孙子兵法·计篇》中提到"五事七计"的首要因素就是"道"。"道者，令民与上同意也，故可以与之死，可以与之生，而不畏危。"故"上下同欲者胜"。"上下同欲"便可看作是共同愿景。

在特色普通高中创建中，"道"可视作一种理念、观点和价值观，既包括可言说的显性观念和理念，也包括"可喻不可言"的隐性观念或缄默知识，属于价值理性。"道"作为一种认识、理念，或明或隐地指引着人们的行动，是人们之间的"志同道合"。没有全校认同的"道"，特色创建很难顺利进行，正所谓"道不同，不相为谋"。

既然，共同愿景是一个组织成员共同认可的，且愿为之付出努力的希望达成的共同目标，那么它就能够增强成员对组织目标的认同感和使命感，从而激发成员的内在积极性，使其具有极强的内驱力。试想，如果建设特色普通高中只是领导层面的目标，而没有获得师生的认可，要想取得特色普通高中创建成功是难以想象的。因此，构建共同愿景是一所学校创建特色普通高中的第一步，也是最为关键的一步。在上海市特色普通高中建设中，共同愿景外显于学校的办学理念、育人目标、学校文化等一系列引领学校发展的理念和观念集合，内隐于全校师生心中的价值认同。

从近几年上海市特色普通高中评估的问卷调查结果来看，所有参评学校师生对学校特色都具有很高的认同度。这是因为各个项目校建立了共同愿景，并在共同愿景的召唤下，形成了全校共同创建特色的内驱力。

二、探索学校特色发展的变革路径

共同愿景可以看作是学校发展的"蓝图"，要想将"蓝图"变成现实还需要采取一系列切实可行的措施，否则"蓝图"将永远成为"空中楼阁"。在推进学校特

---

① 百度百科.共同愿景［EB/OL］.［2022-05-03］.https://baike.baidu.com/item/%E5%85%B1%E5%90%8C%E6%84%BF%E6%99%AF?fromModule=lemma_search-box.

色发展的过程中，各项目校凝心聚力，将特色创建作为一项自觉行动，积极自主开展了一系列的探索以推动本校特色普通高中建设。

（一）立足本校发展基础进行特色定位

特色创建不是"贴标签"，需要学校立足本校的发展基础。这里的基础是多方面的，既可以是学校的传统与优势，也可以是现实的条件与资源，还可以是顺应时代的需求，等等。第一所命名的上海市曹杨中学以"环境素养培育"为特色，即基于"传承与创新"而来。该校创办于1953年，其前身为华侨中学，建校之初提出了"爱国·精业·乐群"的校训，凝练出"厚德·报国"的"赤子"文化。学校传承发扬了"赤子"文化，并于20世纪90年代提出了"责任与自主"的办学理念。随着时代的发展，学校对办学理念进行了新的诠释，"在办学理念原有内涵中增加了致力于实现中华民族伟大复兴的'中国梦'的社会责任感和历史使命感"①。从责任出发，学校将"环境素养培育"作为特色，认为"环境素养培育就是强调对自然、社会、自身的责任担当，注重在真实的环境中进行体验、习得"②。此外，这一特色也是对学校传统优势项目的传承与发扬。学校自20世纪50—60年代便开展了"绿色能源沼气开发利用"等项目实践，70年代在教学中融入绿化工作，80年代已经形成了"环境保护""太阳能利用"等12个绿色科技项目群，90年代起开展环境教育。应该说上海市曹杨中学的学校特色是在学校60余年的办学过程中逐步形成的，具有扎实的基础，是"有本可依、有理可循、有景可期"的。

（二）构建多样化可选择的特色课程体系

课程是学校育人的重要载体，构建多样化可选择的特色课程体系是满足学生个性化发展的关键。高中教育要支持和满足学生多样化的个性发展需求，需要高中课程在满足共同需求的基础上增强可选择性。教育部2018年颁布的《普通高中课程方案（2017年版）》中明确指出："将课程类别调整为必修课程、选择性必修课程和选修课程，在保证共同基础的前提下，为不同发展方向的学生提供

---

① 内容选自上海市曹杨中学特色高中2016年自评报告，2022年5月3日引用。

② 杨琳."环境素养培育"特色主题与课程的设计——以上海市曹杨中学特色普通高中建设为例［J］.现代基础教育研究，2017，27（03）：23-32.

有选择的课程。"

各创建校将国家课程进行校本化实施，将学校特色有机融入国家课程，并围绕特色开设了多门特色课程群，注重基础、满足兴趣、培育特长，兼顾课程的普惠性和差异性，做到既面向全体学生，又能满足不同学生的发展需求。例如，以戏剧教育为特色的上海戏剧学院附属中学构建了个性化的"3D课程"，包括定制课程（Directional Course）、菜单课程（Diverse Course）和资源课程（Dynamic Course）。其中，定制课程是指为全体学生量身定制，侧重学校为学生提供适切（学科和艺术）的课程；菜单课程是指鼓励个体学生自主选择，充分体现学生个性发展需求的课程，其特征为多样、自主；资源课程是指学校开放办学，将优质资源引进来，又走出去，将课程的外延扩大，其特点是开放、动态。个性化"3D课程"凸显了学生的个性发展需求，彰显了戏剧艺术教育的特色。

（三）打造一支专兼结合的特色教师队伍

教师是特色课程的实施主体，没有好的特色教师队伍，再好的课程都难以落到实处。培育一支数量充足且质量合格的特色教师队伍是特色创建工作的重中之重。从上海市特色普通高中创建实践来看，各校普遍围绕学校特色创建培养特色教师队伍。例如，上海市甘泉外国语中学采用"引进＋自培"的模式，着力将学校建成"多语种师资高地"。学校现有专职外语教师50人（不含外籍教师），其中专职日语教师20人、英语教师22人，专职德语教师5人，其他语种教师3人。[①]华东师范大学附属东昌中学系统设计教师金融素养的分层分类培养模式，以专家团队、校内外资源为支撑，对特色教师进行培训，通过专题培训等方式对特色教师进行培养；基于金融慕课的开发开展金融知识的学习，将青年教师培养成复合型教师；通过专题培训、教材修订等任务推动骨干教师的特色发展，分步组织骨干教师承担特色课程的实施。

（四）培育具有本校特色气质的学生

就本质而言，特色创建是一种手段，是普通高中提升办学内涵的一条途径，其目的是实现学生全面而有个性发展。特色普通高中依然属于普通高中的范畴，

---

① 内容选自上海市甘泉外国语中学特色高中2018年自评报告，2022年5月3日引用。

因而必须注重五育并举，培养全面发展的高中生。学校在创建特色高中的过程中始终坚持普通高中的基础属性，在此基础上培育具有本校特色气质的学生。只有学生身上能体现出学校特色，才能说一所学校的特色创建是真正有所成效的。不少学校在特色创建过程中，学生在特色领域的发展取得了明显成效。例如，上海市闵行第三中学以"空天素养培育"为特色，学生在航空航天创新实践活动中的特长发展成绩喜人，2011 年学生创意方案《濒危植物种子搭载方案》获得全国一等奖并随"天宫一号"升入太空；荣获包括全国科技创新大赛一等奖、国际机器人大赛中国区选拔赛冠军、全国未来工程师创新大赛一等奖、"天宫二号"实验方案设计一等奖、上海市首届全能脑力王青少年 STEAM 电视公开赛一等奖等市级以上大奖 400 多项；报考航空航天院校及相关专业的学生也逐年递增，学生身上体现出浓厚的学校特色。

此外，各学校还在多方面开展了积极探索，包括：积极营造特色校园环境，在特色专用教室、创新实验室、校园等方面体现出浓郁的学校特色文化，让学生沉浸在特色氛围中，积极发挥环境"育人"的价值；积极探索新时代育人方式变革，探索走班制学分制管理，加强学生发展指导；探索本校学生特色素养评价方式；等等。在一系列自主的实践探索过程中，学校发展动力被调动起来，激发了办学活力。

三、集聚学校特色发展的各类资源

上海市特色普通高中创建项目校不仅能够以校为本，在校内开展一系列实践探索，而且坚持开放办学，善于借力聚力"为我所用"，为学校特色发展积聚外部资源，包括教师资源、课程资源、学生实践基地等。学校利用、积聚各类资源的途径主要有三种。一是与大学开展合作，充分利用大学的教师和课程等资源来助力学校特色创建。在这方面，大学附属中学具有得天独厚的优势，它们依据所附属的大学来定位与创建自己的特色，形成与所附属大学专业一致的特色，如上海海事大学附属北蔡高级中学的"航海素养"特色、华东政法大学附属中学的"尚法"特色、上海理工大学附属中学的"理工"素养等。二是利用区域内的"在地资源"。例如：华东师范大学附属东昌中学处于上海市陆家嘴金融圈，将"金融素养培育"作为本校特色，在创建过程中充分利用社会资源和家长资源；华东师范大学附属枫泾中学利用金山农民画资源来丰富本校审美教育。三是与企业合作。例如，上海市徐汇中学除了与大学等科研院所合作外，还邀请高科技公司的教授、工程师担任校外兼职教师，承担教师跟课学习培训、课程研发、给学生直接授课等工作。

特色普通高中建设过程中需要多方面的人财物等资源来支撑，仅靠学校自身的力量难以完成特色创建。学校要充分拓展与利用外在资源，聚合社会多方面的力量为己所用，这也是体现和完善现代学校治理体系的必然要求。

第四节　注重激发主体活力的协同治理 [①]

　　教育部等八部门颁布《关于进一步激发中小学办学活力的若干意见》，从保障学校办学自主权、增强学校办学内生动力、提升办学支撑保障能力、健全办学管理机制等方面出台了若干具体指导意见，为激发中小学办学活力指明了方向和要点。

　　学校活力是学校在办学育人的思想和实践中呈现出的积极性、能动性和创造性。学校作为教育政策与教育实践的枢纽，其活力会受到政校关系、家校关系、社校关系以及校内关系等多种因素的影响，因此激发办学活力必须在尊重学校主体性的基础上系统思考、协同行动。上海着眼于解决普通高中同质化分层发展的沉疴痼疾，大力推进特色普通高中建设，取得了阶段性进展，撬动了高中学校层级固化的总体格局，推动了高中多样化高质量发展不断深化。总结其中的经验，最重要的一条是以协同治理激发主体活力，实现特色高中建设工作的同频共振。

一、政府整体规划，以价值和行动共识激发各方活力

　　特色高中建设是一项系统工程，关系到国家高中多样化高质量发展政策的落地，关系到普通高中格局的优化，关系到办学育人方式改革目标的实现。特色高中建设要处理好基础教育与特色教育的关系，处理好国家课程与特色课程的关系。

---

① 上海市教育委员会.上海：以协同治理激发主体活力　推动特色高中建设同频共振［J］.人民教育，2021（18）：47-49.

对此，上海 2014 年颁布了《上海市推进特色普通高中建设实施方案（试行）》，2016 年出台了《上海市推进特色普通高中建设三年行动计划（2016—2018 年）》，这两个文件为上海特色高中建设整体方案做了具体的设计。

《上海市推进特色普通高中建设实施方案（试行）》确立了总的战略定位："以深化课程教学改革为主要抓手，着力构建富有特色的学校课程体系以及相应的运行和管理机制，促进学生全面而有个性地发展，推动高中学校错位发展、特色发展和可持续发展，逐步形成全市普通高中教育'百花齐放'的发展格局，促进高中教育从分层教育逐步向分类教育转型"；提出了"项目孵化、滚动推进，分类指导、分阶提升"的策略；明确了"学校自主规划、区县推荐支持、项目滚动指导、探索分阶管理"的建设机制。同时，在课程、师资、经费和招生上设计了具体的支持保障政策。这为特色高中建设工作指明了方向和思路，对路径做出了清晰规划。

《上海市推进特色普通高中建设三年行动计划（2016—2018 年）》重申了上述方案确定的方向和目标，并从行动层面对特色普通高中建设做了更加详细的阐述，进一步明确了创建工作的实施方案和行动要点。《上海市推进特色普通高中建设三年行动计划（2021—2023 年）》已经出台。

二、学校自主选择与阶梯提升，激活内需，形成持久驱动力

学校的特色基础不同、起步早晚有别、建设力度大小有异，因而特色发展水平客观上一定会存在差异。如何让不同发展基础的学校都看到希望、产生动力？上海对此的探索，一是自主选择，二是建立阶梯式机制，为每一所有意愿切实建设的学校搭建相应的入门台阶。

第一，自主选择建设。上海以项目校的方式推进特色普通高中建设，采取自主申报、主动规划、地区推荐和专家评选相结合的方式实施。显然，是否加入项目校，主动权在学校。针对入选项目的学校，上海设立了"分组交流、市级展示、初评、复评"等前后相接的环节，这些环节都意在推动学校不断推进和深化特色建设，避免"贴标签"。同样，是否进展到下一个环节，发起权还是在学校。比

如，学校通过由市项目组主持的分组交流环节后，只有主动申请，才有可能获得举办市级展示的机会。

第二，阶梯式提升。核心做法是对特色普通高中发展进行三段式划分，每所学校可以"对号入段"。第一阶段（特色项目阶段）：学校有一个及以上适应学生需要的富有特色的课程或项目；第二阶段（学校特色阶段）：学校围绕特色领域，形成相应的特色课程群，形成面向全体学生、层次递进的特色课程体系，进而形成一定的办学特色；第三阶段（特色学校阶段）：学校以特色领域为主线，制定发展规划，形成系统引领和支撑学校发展的办学思想、发展目标、课程体系、教师架构、管理制度、资源体系和辐射机制。阶梯式提升，让特色基础不同的学校都能对照要求自我判断、自我定位，进而明确下一阶段的目标和重点，让每一所学校都看到进步的路径和成功的可能。

三、专业力量支撑，激活研究团队的主体性和能动性

凝聚专业力量，把决策和实践建立在专业研究的基础上，通过专业研究支撑特色高中建设，这是上海近 10 年来一以贯之的做法。从 2011 年开始，上海依托所属教育科研机构成立了特色高中建设项目专家组，以委托项目研究的方式，连续 10 年不间断地实施相关研究。同时，市教育行政部门确定了尊重专业、发挥所长的研究管理基调。

10 余年来，项目专家组完成了《上海市特色普通高中建设现状与发展研究报告》，研制了一份"实施方案"和两份"三年行动计划"等文件；研究并提出了特色高中建设若干纲领性成果，如任何一所高质量的特色高中都应实现"对象上面向全体学生和面向部分学生的结合，需求上基础性、发展性和拔高性需求的满足，课程上必修、选择性必修和选修课程的融合或覆盖"……这些专业性的研究成果有力指导、引领了每一所项目学校的方案与实践；这些研究工作还提出了一套从学校视角出发的特色高中建设的行动模式，并最终确立了下来，即"自主建设—项目校建设—参与分类交流—承办市级展示—参与初评—参与复评"，这个流程让学校的特色建设环环相扣，并且通常至少需要 4 年时间才能走完。

专业人员的主体性彰显带来了主动性和创造性的发挥，为特色高中建设提供了稳定的专业力量，在专业的维度上实现了同频共振。

四、第三方机构评估：直指特色核心领域内的实践行为

评估是特色高中建设的关键环节，具有高利害性。评估如何做到科学公正，如何避免"贴标签"的惯性怪圈？上海着重实施了四个方面的举措。

第一，上海市教育委员会遵循"管办评"分离，将评估委托给第三方教育评估机构。在评估方案的研制中，充分尊重项目评估机构和评估人员的主体性与专业性，在评估指标研制、评估实施方案确立、评估实施过程、专家评估意见形成等环节中，行政部门重在引导，把专业的事交由专业人员去办。

第二，在全市颁布总体方案的同时，也公布了评估的若干观测点，其意在引导。在目标导向上，上海市特色普通高中建设体现了既从"特"的角度考虑问题，又从"普"的角度考虑问题；既从学校微观层面看进步、看发展，又从政府宏观层面看规划、看布局。

第三，在评估程序设计上，专门将初评和复评两阶段设计为一个轮回，并基于多轮回评估程序设计，采取多组合评估策略，使处于不同参评阶段的学校在建设过程中能够及时意识到所存在的问题，并对接下来的工作感到有的放矢，可以精准施改。这种多轮回的评估为参评学校提供了充足的改进时空，真正发挥了评估的促建功能。

第四，在评估成员的构成上，项目组成员一律回避。项目组作为项目专业研究和推进的重要团队，对每一所学校都非常熟悉，为避免可能的人情分，专家组成员一律只参与建设指导，不参与评估。

五、立体协同，打造上下联动、左右互通的特色建设关系

立体协同指的是特色建设相关各方理应和力求达成的一种关系状态，在纵向上主要表现为政府与学校间的关系，在横向上主要表现为学校与外部资源的关系。

一方面，上海项目注重自下而上与自上而下相结合。自下而上已经具备较好的基础，也符合学校的需求。前面提到的调查发现，关于"校长倾向于哪种特色学校建设模式"的回答中，"学校规划自主发展""专家与学校共同设计推进"两大选项最受校长青睐。自下而上依然值得作为上海特色高中建设的重要政策思路之一。但是，完全的学校自主也不现实，因为调查同时发现，64.9%的被调查校长认为，当前阻碍高中特色学校创建的主要因素是"社会对学校升学要求高，学校压力大"，31.5%的被调查校长认为"教学压力大，担心（特色创建）影响教学成绩"，可见校长对特色办学的认识还有偏差。因此，在既有的政策制度和管理模式下，教育行政部门要加强普通高中特色办学的政策引导，把自下而上与自上而下结合起来，以多种思路推进特色高中建设。

另一方面，上海项目注重在横向上引导学校积极创建资源平台，培育特色办学联合体。资源平台是特色高中建设的重要支撑，教育行政部门可以主导和整合高校、科研院所、青少年活动中心、社会中介资源，通过项目合作、购买服务等多种途径创建公共资源平台，扩大学校特色办学的资源空间。学校更应积极建立发现和利用校外资源的机制，围绕特色课程实施需求，广泛挖掘和利用校外资源。当然，横向关系还包括特色学校之间、特色学校与非特色学校之间建立起交流分享和辐射的关系，形成特色办学联合体。

特色普通高中建设是上海普通高中新一轮发展的突破点之一。透过这个项目，上海希望把特色作为学校整体变革的一个触点，打破普通高中教育改革和发展的困局，实现一般高中育人本原的回归。为实现这一目标追求，必须激活全部相关人员的主体性，释放活力。上海的实践表明，建不建设特色高中由学校自己定，学校的自主性得到激发；怎样建设特色高中由专业共同体主导，专家的能动性得到释放；怎样评估特色高中由相对独立的第三方主导，评估方的自主性得到保障；过程资金和资源的支持、命名及其后的政策保障由政府定，政府的公共服务主体性得以体现。足见，上海针对特色普通高中建设设立的政策，体现出"引导＋保障"型的政策工具特征，地区教育行政部门的执政思路实现了从管制走向治理的转变。在这种治理思路下，特色高中建设相关各方的活力得到激发，实现了高度的同频共振。

第八章

面向未来的挑战与展望

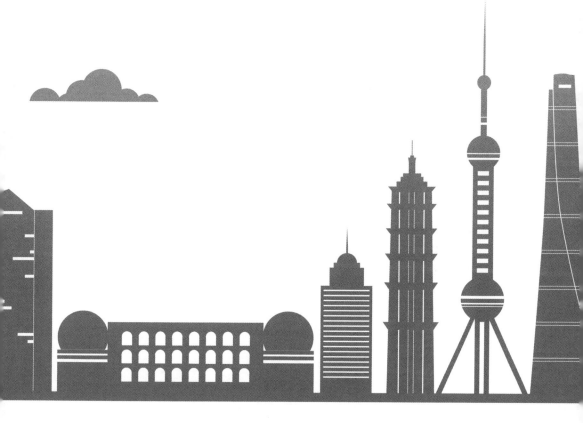

特色普通高中建设本质上是高中改革办学方式、转变育人方式的探索。特色普通高中创建过程中的前瞻规划、主动探索、同类学校同组交流、面向全市的公开展示、参与命名评估等环节都是推动实践深化的技术性节点。一所学校成功获得命名并享受到相应的政策支持，这不意味着创建的结束，恰恰，它是新的建设起点。因此，怎样持续深化特色教育依然是特色高中建设的大课题。特色高中只有坚守初心，持续建设，方得始终。

第一节　特色高中建设的成效与贡献

关于特色高中，我们要始终探索并尝试回答三个课题。第一，特色高中是什么？其真正的特质是什么？当下形成的理论框架是否会随着时代演进和教育的发展而变化？我们需要不断追问其内涵，以保持与时俱进。第二，特色高中怎么建才是最好的？现行建设思想、行动主张和实践举措到底怎么样？第三，特色高中教育的效能到底怎么判断？各类创建举措的实效怎么证明？教育效能的显现都具有迟效性，特色高中的效能如何观测实属一大挑战。

一、基于项目学校的效能观测

10多年来，上海特色高中建设，从工作角度看，共计评选出60所项目学校，带动形成30余所区级项目学校，特色覆盖人文、艺术、科技、理工、体育、财经等领域，其中17所学校被命名为上海市特色高中，成为特色优质发展的新标杆。从研究与成果角度看，上海通过研究与实践创新界定了特色高中的内涵，形成了一体多翼式特色发展规划、金字塔式课程建构模型等成果，建立了学校整体设计实施特色办学的上海样本；以市级项目和项目学校为抓手，探索建立了项目化·协同式建设机制，把学校治理、活力激发、多主体协同有机融汇，构建了区域整体推进特色高中建设的上海样本；同时，上海特色高中建设主体学校为市实验性示范性高中以外的学校，这些学校在普通高中分层管理格局下均处于中位或者偏低的位置，通过特色发展帮助这些学校实现错位突破，也形成了中低位学校转型提升的上海样本。

但是也要认识到，教育的核心是人，教育要能为人的终身幸福发展奠基。学生和教师是效能的主体和归宿，而学校作为师生生命成长的精神家园和营养来源，既是教育效能的生产者又是教育效能的受体。基于这种认识，2021年上海市推进特色普通高中建设项目组围绕学生、教师和学校这三大效能主体，自编数据信息采集表，针对市级项目学校2017—2021年间的特色教育结果，从起点、过程和结果维度开展了基于事实的调查。调查结果如下。

第一，学生个性化发展的兴趣需求得到积极回应，特色学习与生涯规划形成对接。特色教育相关社团达324个、参与学生数14869人；在特色领域获得市级及以上奖754团次、6672人次；15608人高考填写特色相关专业，11612人如愿录取。

第二，教师专业发展找到了新的载体和突破口，拓展了推动五育融合的视野与能力。465人成为特色专职教师，1492名教师结合任教学科提供特色教育，34人获评上海市特级校长或正高级教师，148人成为市级名师与骨干教师，217人次特色相关教师获市级以上综合荣誉。

第三，学校增强了去同质、高品质办学的意识，教育活力和影响力显著提升。市项目校的特色覆盖科技、理工、环境生态、生命、音乐、美术、体育、戏剧、语言、法治、中华文化、商学、金融、财经、创意15类。学校近5年开设市、区级特色共享课程822门，举办特色相关国家级活动28场、市级和区级活动351场，获得与特色相关的荣誉207项。

同时，从地区高中教育的特色和发展来看，区域高中各美其美、多样化发展的氛围和局面初步形成。17所学校被命名为上海市特色高中，近90所市、区级项目校持续探索特色办学。一般普通高中错位提升之路越发明晰。

二、对高中改革发展可能的贡献

上海特色高中建设研究与实践的智慧集成，希望能为更多地区、更多高中学校的特色发展带来怎样的独特贡献？我们尝试从以下三个方面予以归纳。

第一，在理论观点上，对特色高中的内涵做出新界定。围绕特色高中的内涵，首次提出"3-3-3说"，从对象、课程、教育能级三个维度做出界定，即特色高中教育对象应能覆全体、部分和少数学生3类，教育能级应有奠基、提趣、扬长3阶，特色教育课程应含必修、选择性必修和选修3种。该界说凸显了特色教育中基础与拔高、共性与个性、全体与个体的平衡，确保了特色高中在坚守基础教育属性的同时能提供有差别、高质量的教育，也为建设方案研制、评价工具开发和结果评定提供理论支撑。

第二，在实践样态上，为普通高中特色办学提供新样例。高中特色办学的常见样态是举办特色班，课程教学、评价升学等与普通班双轨运行，强调"分"而育之。我们主张特色高中建设基于普通高中教育的使命，围绕育人目标，通过一体多翼式规划、金字塔式课程架构等举措，实现不同学生不同需求、同一学生发展性需求的满足，淡化分班去双轨，更重"合"而不同。

第三，在机制路径上，为一般普通高中转型发展呈现新赛道。在分层发展总体格局下，一般普通高中无法与头部高中比拼，为求突破而难免出现死拼硬干、违规蛮干等现象，显然同质化竞争的道路行不通。上海的特色高中建设表明，从办学特色起步校校皆可能、聚焦规划与课程建设校校皆可为，项目化·协同式运行、评估命名时重特重优的价值导向各地皆可做。以特促优、优特融合的错位发展之路，更适合一般普通高中的转型突破，更增添了高中多样化发展的质感。

第二节　深化特色高中建设的挑战与展望

一、特色高中持续建设的挑战

（一）理想追求与现实桎梏的矛盾依然存在

坚守立德树人，培养全面而个性发展的人，是教育正义永恒的追求；提高考分，助力学生升入更高层次的大学则是学校无法回避的现实需求。当特色教育无益于学生更好的升学出路时，矛盾便会显现。比如，任何高中都要提高质量，是德智体美劳全面育人的质量观下的质量，还是传统单维度的、靠分数高低来衡量的质量观下的质量？是注重过程、方法与结果协同的质量，还是结果为王的质量？高中新课程方案特别强调要转变育人方式，推动新型多样化的学习，注重学思习行的有机关联结合，克服过度依赖死记硬背、刷题之类的机械训练方式。但是当应试的土壤还比较深厚、现实升学诉求还非常强烈时，会不会一边举着"高质量"的旗号，一边扎扎实实刷题训练、考试求分？

（二）国家课程与校本特色课程如何有机融合

普通高中国家课程面向全体高中和全部学生，注重教育教学基本盘，难以兼顾校际差异和学生多样化的兴趣与需求，需要有一种形态功能的课程来弥补，校本课程应运而生。

根据新课程方案的规定，校本课程的科目包括学科提高／拓展选修课，跨学科学习／专题教育课，不低于 14 个学分。这样的课程与学分结构要求，对特色高中而言带来一定的挑战。以上海为例，面对新课程方案，存在挖潜和提质的双重挑战。新课程方案之前，上海根据国家的授权，形成自己的普通高中课程方案。课程分基础型、拓展型和研究型三类。其中，基础型课程面向全体，落实国家高中教育的总体要求；拓展型课程包含语文、数学、化学等基础型课程的拓展，也包含学校自主开设的校本课程；研究型课程也可以来源于校本课程。学校实际上用以开设校本课程的时空还是比较宽裕的，这为学校以课程适应学生兴趣和差异、彰显育人特色、打造育人品牌提供了可能。新课程方案中校本课程为14个学分，相比之前而言，时空被压缩。所以，当下如何用足这个空间，并合理挖潜、提升品质，是上海等地区的新挑战。面对新课程方案关于加强国家课程地位和功能的要求，"应做实做强'国家课程'"的观点高频出现。在强化这些认识的同时，我们也要敏感地意识到，当普通高中多样化发展还不够深、课程多样化的基础还不够厚时，要防止打着"加强国家课程"的旗号挤压校本课程应有的时空，最后又滑入片面搞好考试科目的旧样子里。[①]

（三）如何避免陷入"命名后怪圈"

当下特色创建项目学校已经或正陆续被命名为"上海市特色高中"，评估作为命名前的一个环节，备受重视。评估是推动学校特色教育的重要手段，它对学校的撬动效力是巨大的。为了避免学校通过翻牌一蹴而就，上海在特色高中评估的方案设计上，特别注重学校在特色教育核心领域和实践行为上的成就表现。上海项目确定了四大核心领域，即定位与管理、课程与教学、条件与保障、成效与示范，分别指向特色价值导向、核心支点、重要条件和成就水平。四大领域，除了"定位"问题属于理念思维层面的指标外，其余都是实践性很强的指标，都需要长期的实践行动才能做到。

但是，国内外林林总总的评估案例又会提醒我们，评估结果的认定往往会成为一道分水岭，结果产生前后评估对象发展的动力、行动、力度可能会有所变化，主要是减弱。就上海市特色高中建设来讲，虽然命名不是目的，推动学校办学品质持续发展并稳定发挥辐射作用才是根本；但是被命名学校在收获成功的喜悦和获得广泛关注的同时，也面临着失去持续发展的目标和动力而陷入"命名后怪圈"的风险，这个问题随着命名学校增多而更加值得关注。

---

① 徐士强.新课程要让高中生获得高品质成长［N］.光明日报，2020-12-29（13）.

当然，任何一所学校的持续发展都是内因和外因相互作用的结果。已命名的特色高中学校要不断提升并发挥好辐射作用必须依靠自身的持续建设，同时也非常需要行政与专业力量的多方位支持。

（四）特色教师专业支持政策瓶颈显现

这个瓶颈问题主要与特色课程本身的特点关联。特色教育课程较普通高中国家课程而言，一般具有跨学科、综合性和新颖性等特征，且特色课程在存在形态、教与学方式上有别于高中传统学科课程，因而带来教师专业发展的新问题，主要包括以下方面。

第一，特色课程教师的编制问题。教师招聘进编要按照现有的编制序列实施，为了招到教师，招聘时不得不"挂羊头卖狗肉"；有序列的，往往在数量上限制严格，无法满足特色课程实施的基本师资需求。过多依赖外聘教师，特色教育的稳定性和可持续性会受影响。

第二，特色课程教师职称评定序列缺失。在职称评定中，很多特色教师没有相对应的学科，职称发展上升序列不通。这一点在特色高中的特色教育教师中均是突出的发展瓶颈。

第三，特色课程教师专业培训通道缺失。市、区级没有针对特色教师的高端发展序列，如双名工程等；特色教师系统化的培训欠缺。因此，特色教师中高级教师、骨干教师、名师队伍的培养和建设还相对滞后。例如，上海市甘泉外国语中学的多元文化教育的重要载体之一是外语教育，尤其是小语种教育，但是因语种的小众化，区级和市级层面均没有相关的教研员，也没有相关的学科专业培训，教研活动也仅限于校内小范围进行，导致教师自身业务能力的提升受到了很大限制。

二、深化特色高中建设与研究的展望

（一）始终坚守特色高中育人的价值初心

回到学校教育的源头，全面而又有个性地育人是根本，普通高中的特色教育也不例外，在关注特色知识和能力养成的同时，还应充分关注特色之于人自身的

价值和意义，如身心、品德、人格、非智力因素等，我们概括称为"育人"。特色
教育如何以其内在的精神和原理影响学生的价值观念与行为方式，从而凸显"育
人"之要义？这是特色高中建设必须始终坚持的价值初心。

1. 坚守育人的价值初心就需要更加明确学校特色教育的"定位"

特色教育带有较为明显的专业性，如果度把握得不恰当，特色教育会滑
入专业教育，而专业教育与普通高中作为基础教育的属性功能是矛盾的。例
如，普通高中办体育特色，若过度强调运动技术和技能教育，实际上是在提
供类似体育专业学校的专业运动教育，导向就偏了。扭正这种导向的途径
是，在特色教育定位中凸显"人"自身的成长因素，把"育人"作为价值先导。
明确了这一点，就能很清晰地判断，普通高中的体育特色教育，掌握运动技
能固然重要，但是培养学生的运动兴趣和爱好，养成以运动促进身心健康和
社会交往的习惯，增强毅力和培育坚韧的品质，则是重中之重，后者才是特
色教育的价值本原。

2. 坚守育人价值初心就要着力建立特色和育人的逻辑关联

科学的育人价值定位必须要融入学校特色教育的顶层设计和行动方案中，
否则就会沦为空洞的思想与口号。避免育人本原成为特色教育的镜中花、水中
月，就要建立起特色与育人的逻辑关联，使育人成为顶层设计的灵魂、实践行动
的圭臬。操作中，可以有以下几个连接点。①

第一，育人对象上，实现服务少数学生和服务全体学生与部分学生高质量
相结合。学校的特色教育，有的经历了从少数学生放大到多数乃至全体学生的
过程。比如，一部分学校今天面向全体学生的特色教育，其前身可能就是若干
年前面向少数学生的特色班（如美术班、体育班）教育等；也有的学校反过来操
作，在面向全体学生开展特色基础教育的同时，逐步聚焦部分学生，关注这些
学生的兴趣和特长的进一步培养。站在特色学校的高度看，特色教育必须惠及
全体，能让绝大多数学生参与，同时也能关注部分学生乃至个别学生，最终着

---

① 徐士强.普通高中特色办学的育人要义及实践策略［J］.上海教育科研，2017（09）：
47-49+26.

力让每一个学生获益。假如学校只关注少数学生的特别教育，无论其荣誉和水平有多高，都不应被看作特色学校。

第二，育人指向上，兼顾需求、兴趣和特长。特色教育从外在对象上要做到面向全体学生与面向部分学生相结合，这种要求的内在指向是兼顾不同学生的特色学习成长需求。一般来讲，学生之于特色学习的需求大致有三个层次，由低到高依次是基础性需求、发展性兴趣和提高性特长，呈金字塔形。以体育特色为例，有的学生只有基础性需求，完成学校体育课程表的规定要求就可以；有的学生还会对某些运动项目或相关项目，如篮球、体育新闻、裁判等兴趣浓厚，还想进行深度学习；还有学生在某些运动及其相关项目中表现出一定的天赋与能力，还要求进一步提高。特色教育只有精准把握学生的需求并科学应对，做到面向基础需求、鼓励兴趣发展、支持特长提高，才能真正凸显其育人本义。

第三，育人内容上，坚持普通教育课程与特色教育课程融合的金字塔式课程结构。这种课程结构比较好地解决了面向全体学生与面向部分学生相结合的需要，比较好地兼顾了学生基础需求、发展兴趣和提高特长的需要，所以它是特色教育的核心支撑。学校要始终立足国家课程夯实基础教育、渗透特色教育，凸显育人厚度；着力开发校本特色课程，优化实施，科学增强特色教育，凸显育人差异度。

3. 坚守育人价值初心就要着力探索学校育人方式的变革

普通高中开展特色办学、实施特色教育，主要价值在于探索建立以"成人、育能"为核心的个性化学校育人模式。这种模式相对于传统普通高中教育而言，在价值导向上，是在促进德智体美劳五育并举的基础上，更主张培养具有一定独特素养的普通高中生；在育人内容上，主张在现有普通高中法定课程的基础上通过新增、重组等方式实现课程的更新和丰富，并使之与普通高中法定课程渗透融合，形成学校独具特色的课程图谱；在学与教的方式上，主张基于特色课程实施要求探索教学改革、创新实施载体（如有的学校开展法治教育实验室、航海教育实验室、金融教育实验室等），同时也探索用特色教育的理念打造学校的教学范式和品牌（如同济大学第二附属中学基于 STEAM 教育理念形成学校的问题教学模型和实施流程等）；在评价与结果导向上，着力突破一刀切的评价内容与指标系统、着力分解高考升学科目的高利害评价、着力加强新兴特色学习领域的素养培育。总之，特色高中建设要始终着力打破同质化办学、一个模子育人的旧模式，探索建立具有学校特点的个性化的育人模式。特色教育要看重"能力"维度的核心素养，更要看重"人"本身维度的素养培育，既要看重成才，又要看重成人。[①]

（二）始终坚持探索应答新问题的新策略

1. 创新机制应对教师专业发展问题

在编制上，为教师编制建立序列，在数量上确保满足特色课程实施基本需求。

在职称上，开通相关序列，或者开通特例特报通道，对于符合中高级职称要求的申报教师予以批准认定。

在培训上，建立市级统筹和校本培训双结合机制。市级统筹部分，开发针对特色教育的教师专业化、系统化的通识性培训，对象可以是小学、初中和高中相关教师，其学分、学时纳入上海市教师规范化培训。

2. 持续投入进一步释放特色高中政策红利

上海对学校的经费和条件的保障力度与水平总体较强较高，但特色高中的特色教育往往非普通高中常规保障所能承载的，如以特色教育实验室为代表的设施设备配置问题、校外有益资源的扩大和利用问题等。有的学校当前就面临着校外可用教育资源欠缺认证的问题，如华东政法大学附属中学的法治教育资源认证范围有限就是一例。所以建议扩大校外教育资源认证，解决特色学习校外资源不足的问题；市、区两级部门会同，加大投入，优化办学条件，以良好的办学条件释放特色高中政策红利。

3. 开展校本化特色教育效果实证研究

围绕学校、教师和学生三个焦点，尤其是学生方面，设计符合学校特色教育特点的成效评估方案，开发评估工具，形成实施方案，通过实效评估或证明

---

① 徐士强.普通高中特色办学的育人要义及实践策略［J］.上海教育科研，2017（09）：47-49+26.

并强化相关特色建设的思路举措，或者围绕评估中的问题加以调整改进，最终为特色教育的实效提供更有力的实证支持。目前，有的学校已经开始启动相关研究，如上海市曹杨中学正在自主推进"高中生环境素养评价体系的构建与实践研究"；部分上海市特色高中建设项目学校在建设过程中也把特色教育的效果考量作为重要的任务。总的来讲，这方面的实证研究还需要科学、系统地加以设计和推进。

后　记

　　上海市推进特色普通高中建设是上海市教育委员会为贯彻落实《国家中长期教育改革和发展规划纲要(2010—2020年)》和《上海市中长期教育改革和发展规划纲要(2010—2020年)》精神,深化本市普通高中课程改革,促进普通高中特色多样化发展,以及促进高中学生全面而有个性成长而特设的一个重点探索项目。

　　该项目旨在引导广大普通高中贯彻"为每个学生提供适合的教育"的理念,积极鼓励普通高中学校根据自身的办学基础和学生实际情况,以深化课程教学改革为主要抓手,着力构建富有特色的学校课程体系以及相应的运行和管理机制,促进学生全面而有个性发展,推动高中学校错位发展、特色发展和可持续发展,逐步形成全市普通高中教育"百花齐放"的发展格局,促进高中教育从分层教育逐步向分类教育转型。

　　该项目由上海市教育委员会基础教育处直接领导,上海市教育科学研究院普通教育研究所为主要推动和专业指导单位,上海市教育评估院为特色普通高中专业评审的组织单位。项目实行的十多年来,前后共有60所普通高中学校积极申报成为市级项目学校,从2017年以来先后分6批共有17所项目学校成功通过大力建设和专业评审被上海市教育委员会授牌命名为上海市特色普通高中。

　　为了系统反映十多年来项目组在推进特色普通高中建设过程中所渐进形成的专业主张和思想认识,项目组在上海教育丛书办、上海教育出版社的支持下,特组织市项目团队和部分项目学校出版特色高中系列图书,物化成果,增进学术传播和交流。

　　《特色普通高中创建:上海样本》为《上海教育丛书》特色高中系列图书的

总起本，着重对上海市特色普通高中创建的政策与背景、观念与价值、举措与行动、成果与思考等进行理论阐述、理性分析和系统总结。全书含特色普通高中创建的价值、概念内涵、范式类型、课程教学、教育资源、动力机制以及未来发展等内容，共分 8 章 20 节。各章节写作的具体分工如下：

前言由上海市教育科学研究院普通教育研究所（以下简称"普教所"）徐士强撰写；

第一章第一节由普教所徐士强和冯明撰写，第二节由普教所胡庆芳撰写，第三节由普教所徐士强、胡庆芳撰写；

第二章由普教所徐士强、吕星宇撰写；

第三章第一节由普教所胡庆芳撰写，第二节由普教所徐士强和崔春华撰写；

第四章由普教所徐士强撰写（华东政法大学附属中学傅松校长和上海市曹杨中学杨琳校长分别提供了学校素材）；

第五章由普教所徐士强撰写；

第六章第一节和第二节分别由普教所胡庆芳和王晓华撰写；

第七章由上海市教育评估院朱丽和普教所徐士强撰写；

第八章由普教所徐士强撰写；

普教所胡兴宏研究员对本书的初稿提出了修改意见和建议；

全书由普教所徐士强统稿。

期待本书的出版能够给正在探索创建特色普通高中的兄弟省市以思想碰撞和经验分享，给正在创建特色普通高中的广大学校以思想碰撞和范例启发，也欢迎广大教育研究同行多与我们分享专业的发现和思考。

最后，特别感谢上海教育学会尹后庆会长、上海教育丛书办、上海师范大学吴国平教授、上海教育出版社刘芳副社长等，感谢上海市推进特色普通高中建设项目专家组成员以及各项目学校校长和老师们，有了大家的关心、指导，才有《上海教育丛书》特色高中系列图书的付梓出版。

上海市推进特色普通高中建设项目组

2022 年 9 月

图书在版编目（CIP）数据

特色普通高中创建：上海样本 / 上海市推进特色普通
高中建设项目组著. — 上海：上海教育出版社，2023.4
（上海教育丛书）
ISBN 978-7-5720-1920-3

Ⅰ.①特… Ⅱ.①上… Ⅲ.①高中－学校管理－研究
－上海 Ⅳ.①G637

中国国家版本馆CIP数据核字(2023)第056186号

责任编辑　茶文琼
封面设计　陆　弦

上海教育丛书
特色普通高中创建：上海样本
上海市推进特色普通高中建设项目组　著

出版发行　上海教育出版社有限公司
官　　网　www.seph.com.cn
地　　址　上海市闵行区号景路159弄C座
邮　　编　201101
印　　刷　启东市人民印刷有限公司
开　　本　700×1000　1/16　印张 13.25　插页 3
字　　数　202 千字
版　　次　2023年4月第1版
印　　次　2023年4月第1次印刷
书　　号　ISBN 978-7-5720-1920-3/G·1726
定　　价　48.00 元

如发现质量问题，读者可向本社调换　电话：021-64373213